新课程新教学"天河行动"丛书 丛书主编 崔允漷 王建辉 周文叶

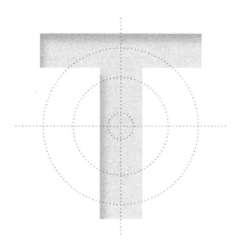

育时代新人
绘课程蓝图

学校课程实施方案精选

华东师范大学出版社
·上海·

王建辉 崔允漷 陈伟红 ◎ 主编

图书在版编目(CIP)数据

育时代新人 绘课程蓝图:学校课程实施方案精选/王建辉,崔允漷,陈伟红主编.—上海:华东师范大学出版社,2023

(新课程新教学"天河行动"丛书)
ISBN 978-7-5760-4014-2

Ⅰ.①育… Ⅱ.①王…②崔…③陈… Ⅲ.①基础教育-课程-教学研究 Ⅳ.①G632.3

中国国家版本馆 CIP 数据核字(2023)第 128926 号

新课程新教学"天河行动"丛书
育时代新人 绘课程蓝图:学校课程实施方案精选

主　　编	王建辉　崔允漷　陈伟红
策划编辑	彭呈军
责任编辑	孙　娟
责任校对	孙冰冰　时东明
装帧设计	卢晓红
出版发行	华东师范大学出版社
社　　址	上海市中山北路 3663 号　邮编 200062
网　　址	www.ecnupress.com.cn
电　　话	021-60821666　行政传真 021-62572105
客服电话	021-62865537　门市(邮购)电话 021-62869887
地　　址	上海市中山北路 3663 号华东师范大学校内先锋路口
网　　店	http://hdsdcbs.tmall.com
印 刷 者	上海锦佳印刷有限公司
开　　本	787 毫米×1092 毫米　1/16
印　　张	14
字　　数	239 千字
版　　次	2023 年 11 月第 1 版
印　　次	2024 年 12 月第 5 次
书　　号	ISBN 978-7-5760-4014-2
定　　价	46.00 元

出版人　王　焰

(如发现本版图书有印订质量问题,请寄回本社客服中心调换或电话 021-62865537 联系)

顾问委员会

主任：

吴颖民

委员：

陈　坪　方晓波　龚　维　胡中锋　王　红　吴新华　曾令鹏　曾文婕

项目研究团队

组长：

王建辉　陈伟红

组员：

陈丽霞　陈　瑞　陈德凯　陈艳梅　陈　燕　陈　燕①　崔效锋　杜碧红　冯熙妍
葛红霞　郭文峰　何　凡　黄跃红　黄　雯　黄一龙　黄　伟　胡　睿　胡　东
胡　健　江小宇　雷晓晖　李　琳　李利锋　廖文义　林　雁　林映映　刘江明
刘剑勇　刘永东　欧阳琪　蒲杨婕　彭恋思　邱细浪　申　珣　邵　颖　唐素丽
王晓芳　王　丹　熊　涛　徐　攀　许凤英　杨　磊　杨　阳　曾丽红　郑雪萍
赵　霞　朱越强　朱云志

指导专家团队

组长：

周文叶　崔允漷

组员：

安桂清　陈霜叶　付黎黎　高德胜　胡惠闵　江丽娟　金北李　柯　政　雷　浩
刘钧燕　刘良华　石雨晨　王冰如　王少非　王　涛　王小明　王　哲　吴刚平
肖思汉　杨晓哲　张　薇　周　勇　朱丽婧　朱伟强

---

① 两位陈燕分别是天河区教师发展中心小学语文教研员和小学英语教研员。

目 录

推荐序——天河行动:为学校落实新课程提供专业支架　/ 1

崔允漷、周文叶

前　言　/ 1

王建辉

01　温暖童年　照亮梦想　向阳生长——广州市天河区华阳小学课程实施方案　/ 1

编者:陈丽霞、周洁、王荧、赖艳、江赵梅
点评:吴刚平、刘钧燕

02　崇真　立善　尚美——广州市天河区体育东路小学课程实施方案　/ 12

编者:曾丽红、游彩云、袁予湘、吴茂娟、黄妙辉
点评:杨晓哲

03　红棉朵朵　向阳而开——广州市天河区先烈东小学课程实施方案　/ 24

编者:郭文峰、屈瑛、肖彩芳、王阳阳、蔡佳玲
点评:周文叶

04 办生态学校　育生态学子——广州市天河区长湴小学课程实施方案　/ 35

编者：杜碧红、赖素梅、张志科、丁艳

点评：张薇、安桂清

05 弘伟人愿　立少年志——广州市天河区岑村小学课程实施方案　/ 48

编者：黄跃红、钟景就、许文婕、李宗日、刘江涓

点评：石雨晨

06 顺天致性　生生不息　培育天翼少年——广州市天河第一小学课程实施方案　/ 62

编者：王晓芳、王爱伦、张暖、程静、董穗湘

点评：王小明

07 文武兼济　自强不息——广州市天河区龙洞小学课程实施方案　/ 74

编者：崔效锋、杨苑芳、苏暖、刘晖

点评：胡惠闵

08 素养导向　多元发展　育精艺少年——广州市天河区前进小学课程实施方案　/ 85

编者：刘剑勇、黄颖婷、李淑娟、杜芳

点评：王哲

09 巧于创造　乐于成长——广州华阳教育集团侨乐小学课程实施方案　/ 96

编者：申珣、陈丽霞、孙怡、汪垲镇、列海娴

点评：刘钧燕、陈霜叶

10 绘课程蓝图　育和美少年——广州市天河区天府路小学课程实施方案　/ 108

编者：欧阳琪、白杨、裴崇武、王彬、朱阳阳

点评：王涛

11 美于心　善于品　敏于行——广州市天河区体育西路小学课程实施方案　/ 123

编者：林雁、田娇玲、林练、刘儒英、李琼

点评：安桂清、张薇

12 成就"做人温暖　做事聪慧"的仁智少年——广州市天河区五山小学课程实施方案　/ 136

编者：许凤英、曾瑜、蔡雅杰、贺立群、王群飞

点评：刘良华

13 尚学至德　敏行致远——广州市第八十九中学课程实施方案　/ 149

编者：熊涛、李其雄、王强

点评：崔允漷

14 取山水精华　育阳光少年——广州市长兴中学课程实施方案　/ 160

　　　　编者：陈瑞、吴采、张洁、何劲帆、周裕文
　　　　点评：雷浩

15 培弘毅之志　育成功少年——广州市天河区汇景实验学校课程实施方案　/ 171

　　　　编者：黄雯、石元元、黎韵怡、江玉澜
　　　　点评：周勇

16 绘课程蓝图　育明珠少年——广州市天河区明珠中英文学校课程实施方案　/ 182

　　　　编者：黄一龙、佘剑波、肖双喜、杨玉平、方林
　　　　点评：高德胜

17 强外语特色　育和雅君子——广州市天河外国语学校课程实施方案　/ 195

　　　　编者：胡东、吴晓辉、夏丹
　　　　点评：肖思汉

推荐序

天河行动:为学校落实新课程提供专业支架

崔允漷、周文叶 / 华东师范大学

新课程理想的育人蓝图如何在学校落地?《义务教育课程方案(2022年版)》在"强化专业支持"部分强调:帮助教师准确把握课程改革方向,钻研课程标准、教材,改进教学;在"健全实施机制"中又指出:地市、县级教育行政部门负责课程实施过程的检查指导,提供课程实施必要保障条件。学校高质量实施新课程需要哪些专业支架?区域如何为学校推进新课程提供支持和保障?这些问题长期以来是课程改革的"瓶颈",攻破这些问题,亟须在中国大地上创造区域经验。我们与天河教育人开展了一系列的行动,取得了阶段性成果,现与大家分享,以期抛砖引玉。

第一,新课程落地需要哪些专业支架?

新课程的落地是做出来的,而不是说出来的。怎么做出来?学校在具体做的过程中,需要有三方面的专业支架。

一是学校一级需要制定"学校课程实施方案"。学校课程实施方案是学校课程的顶层设计。国家课程方案明确要求,学校要依据国家及省级课程方案整体规划学校课程,作为学校育人的蓝图、课程总纲,整体描绘出学校落实立德树人根本任务的课程图谱。学校课程实施方案主要回答以下几个问题:学校课程规划的依据是什么?学校如何落实国家或省级课程方案中的课程计划?课程实施的关键策略有哪些?以及有哪些主要的保障措施?这四个要素应具有内在的一致性,且提纲挈领、清晰可行,体现出"合目的、合一致、合好用"的要求。

二是教研组一级需要编制"学期课程纲要"。如果说学校课程实施方案是一所学校的设计图纸的话,那学期课程纲要就是一幢楼(相当于一学科)中一层楼的设计方案。一个学科必须要在研读课程标准、教材,研判学情的基础上,以学期为单位,把以前的教学进度表升级为学期课程纲要,这是学科落实新课程的第一步,是学科回答如何落实课程标准的依据,也是学校层面编制学科规划的表现。学期课程纲要是一个学期的课程说明书,它说明这个学期的课程目标、课程内容、课程实施与课程评价,用两三页纸把它说清楚,且体现这四要素之间的一致性。不然,语文老师整天在忙着上语文课,却说不清楚语文育什么人、怎么育人,可能就成了一个"只会教课文"的老师,又谈何育人呢?

三是备课组或老师需要编写"单元教学方案"。如果说学期课程纲要是一层楼的设计方案,那单元教学设计就是一层楼中单元或房间的设计图纸。学期课程规划好了,接下来就是单元的问题。所谓单元设计,就是把原来的课时教案升级为单元教案。这个问题对老师挑战有点大。好比原来你只会烧一个菜,现在要你烧一桌菜,这就是从课时到单元。为什么要你烧一桌菜呢?因为只有当你烧一桌菜时才会关注到客人,如:谁来吃?他来自哪里,广东的还是上海的?然后再决定烧什么、怎么烧、吃得满意吗?……这就是单元设计。为了落实学为中心的理念,新教案不再回答老师要做什么,而是回答学生如何才能更好地学会。教学设计是设计有组织的学习经验,因此,新教案是单元学历案,是给学生设计助学支架或认知地图。就像医生从开处方到写病历,他从不写自己做什么,都在写病人要做什么。我们老师写了那么多年的教案就是在写自己做什么。如果学生没学会,你自己做什么有什么用呢?

有了上述这三个层面的专业支架文本后,接下来就是新教学与新评价的实践,以及需要哪些措施以保障这些方案的落实。

第二,要让校长、老师明白:这样做的意义何在?

校长、老师不仅要知道如何开发上述方案,还需要"知其所以然",明白自己行为背后的"为什么"。归纳起来,其意义可以用三个"化"来表述。

一是国家课程需要校本化。以前我们问校长,你怎样落实国家课程标准、教材校本化?有的校长一听就懵了,心想,自己搞得那么忙,怎么都不知如何回答这么重要的问题。现在,我们到天河区的小学问校长,你是怎么把语文课程校本化的?他可以拿出六个年级12份语文学期课程纲要,这就是学校把语文课程校本化实施的重要证据。教师只有把国家课程校本化实施做好了,才能称得上"为党育人,为国育才"!

二是教师教学需要专业化。 从课时到单元,从教案到学历案,从教学进度表到学期课程纲要,对老师来说都是挑战,因为这能充分体现教师专业发展水平的进阶。其背后的学理就是,这相当于从教教材的水平进阶到用教材教的水平,或者说前者是教书匠,后者是专业人员、教育家。这一过程就是让老师的教学更专业。虽然对有些老师来说有点难,但没有点难度,怎么叫专业?

三是学生学习需要组织化。 学校课程要化信息为知识,化知识为素养,必须要有组织、有结构,这样才能育人。什么叫做有组织的学习?我举一个有点极端的例子,以教学生认识"一只狗"为例。明明是现实生活中的一只狗,却采取分解的方式来学习、检测:第一课教狗头……第四课教狗尾巴。四课时都教完了,然后采用双向细目表来考试,即狗头考了解,狗身考记住……结果考了100分都不知道什么叫狗。把知识割裂开来倒退为信息,所以学生那么忙,老师那么苦,到最后培养出来的人却被批评为"高分低能"或"有知识,没文化";读了那么多年的书就知道了好多东西,成了"知道分子"而不是"知识分子",使命感、责任心缺失。课程是有组织的学习经验,从课时到单元,再到学期、到学段,这就是学习经验组织化的表现。我们要相信:课程,只有具有结构,才能拥有力量。大单元设计就是为了实现课程内容的结构化。

第三,天河是怎样行动的?

两年多来,广州市天河区统筹规划,区域行政、区域教研和学校三层上下联动,积极探索区域如何为学校落实新课程提供支持和保障。

一是区域行政统筹规划,提供组织保障。 首先,天河区教育局成立专项工作领导小组,由区教育局局长任组长,分管副局长任执行组长,在天河区教师发展中心(区教育研究院)设立项目办公室。其次,根据区域教育特点,制定了《天河区义务教育课程与教学质量提升工作方案》,并遴选了17所学校作为第一批种子学校,区域教研员专家和高校专家对接种子校进行跟踪指导。同时,每所种子校带领2—3所非种子校,组成学习共同体,充分发挥校际联动作用,全区域辐射。最后,区域为教研员、学校管理团队和教师的培训,以及专家入校指导提供经费支持,并制定了相关制度。

二是区域教研专业引领,强化专业支持。 首先,教研员先培训先学习。如何规划学科课程,如何进行大单元设计,如何开展学为中心的教学与校本教研,每个专题,教研员都参与了一周集中的研修工作坊和后续三个月的实践研修。接着,教研员带领骨干团队钻研课标,钻研教材,结合区域学校和教师的特点,深入把握各方对教研的需求。然后,教研员做示例,做培训,做指导。每个学科的教研员带领优秀老师一起做学期课程纲要、大单元学历案、学为中心的课例研究的示例,在做的基础上,给老师们提供针对性的培训;同时,深入学校,深入课堂,进行具体的指导。

三是学校聚焦新课程落地,注重能力建设。校长带着学校管理团队先学先做。两年来,学校管理团队参加了四次研修工作坊,每次都是集中研修一周时间。研修的主题分别是:学校课程实施方案如何编制、学期课程纲要如何编制、大单元学历案如何撰写、学为中心的课例研究和校本教研如何开展。以学校课程实施方案为例,校长带领老师们组织调研,开展专题研究,对学校课程进行整体规划;专家跟进指导,种子校和种子校之间小组研讨,大组交流分享;种子校和非种子校之间建立学习共同体,以点带面,全面辐射。一次次地修改,一次次地研讨,每所学校的育人目标更加清晰,课程计划更加规范,课程实施策略更加明确,各要素之间的一致性更加明显。学校课程实施方案呈现的是文本,但文本形成过程中,提升的是学校课程领导力。

经过两年多的努力,天河教育人走到哪里了呢?我们想用一句话来概括:万里长征走出了第一步。但是这一步非常重要,因为他们心中有"长征",他们有正确的方向。有时候,方向比努力更重要,因为方向没找对,努力就是瞎折腾。我们相信,他们的努力是在创造中国式的新课程、新教学。尽管前路遥远,但是他们心中有诗、有远方!

非常感谢天河行动给国家课程改革带来了专业性、首创性与示范性的经验!

前 言

王建辉 / 天河区教育局

2020年12月11日下午,我在广东佛山参加"2020明远教育论坛",江苏省吴江实验小学教育集团张菊荣校长关于深化课堂教学改革的15分钟分享,让我眼前一亮——就是它!

那一刻的笃定,背后是为时已久的追寻。当时,天河区进行"以生为本"的区域课堂教学改革已持续20多年,取得了丰硕的成果。但随着改革进入深水区,我们碰到了瓶颈,对于如何进一步提升课堂教学的科学性和有效性,还是非常迷茫。我们深知仅凭自身的勤奋与努力,根本无法突破现有的困境,而借力,是拟定解决这一问题的方向!于是我们希望在全国范围内寻找一个能帮助我们解决课堂变革深层次问题的专家团队。寻找近半年,无果。

踏破铁鞋无觅处,得来全不费工夫!张校长的教育改革实践让我和同去的校长们兴奋不已,我们当晚就下载了张校长的多篇论文如饥似渴地阅读。几天狂热的阅读,让我们有了更大的惊喜:张菊荣校长的成果来源于和华东师范大学课程与教学研究所崔允漷教授团队合作开展的课堂教学改革的研究。

崔允漷教授团队,就是我们希望寻找的目标。可广州、上海相距千里,一个小小的县级区如何能得到国家级研究团队的青睐?在一个广州少有的寒冷冬日里,几位勇于改革的校长在我的办公室里各抒己见,突然一位校长惊呼:"崔允漷教授应该是我老师。"这一信息让我们看到了希望。经过这位校长的反复努力,我终于和崔允漷教授的同事、华东师范大学课程与教学研究所副所长周文叶通上了电话。四十分钟的通话,我俩一拍即合,周教授的直率、真诚与高效深深打动了我:这就是我们想要找的团队!我将合作的想法报告给教育局班子,班子成员凭着敏锐的判断力,给予高度认同与全力支持。彼时,我区正准备在华阳小学召开生本教学峰会,我们真诚邀请崔教授来指导,可崔教授来不了,但是派来了一员大将——吴刚平教授,吴教授关于课程改革的讲座在天河引起了轰动。吴教授回上海不久,周文叶教授传来喜讯:崔教授同意与天河的合作。我想,这应该是善良的吴教授让我们通过了"考试"。2021年3月12日植树节,崔允漷教授、周文叶教授为天河种下了一棵"大树"——天河区正式启动和华东师大课程与教学研究所合作的"天河区基础教育课程与教学质量提升项目",围绕"新课程、新教学",以学校一级的学校课程实施整体方案、学科教研组一级的学期课程纲要、年级备课组一级的单元学历案作为推进课程改革的实践载体。

　　一个好项目的成功落地,要有系统的规划与科学的运作机制。项目启动之初,我们制定了实施方案,将项目实施分为三个阶段:"种子学校"试点阶段、全区普及阶段、全区达标阶段。首先,要选好"种子学校"。在崔教授的指导下,项目拟在部分学校先行试点。试点学校如何产生?不能行政强行分派,自愿是前提,只有具有强烈意愿的学校才有可能产生改革的持续动力,才会珍惜这样的机会。于是我们在充分介绍项目的基础上,让学校自愿报名。在此基础上,我们选择了17所有代表性的种子学校:从办学基础看,包括优质、中等、薄弱学校;从地理位置上看,涵盖天河教育东南西北中五大片区;从学段来看,小学12所,初中3所,完全中学2所。我们在区教师发展中心设立项目办公室,安排陈伟红副主任牵头,朱云志、江小宇、彭恋思等老师担任办公室成员。特别让我们感动的是,华东师范大学课程与教学研究所也设立了天河项目办,派出18位专家,分成三个大组,分别由崔允漷、吴刚平、胡惠闵三位顶级专家领衔,每个大组下设两个小组,每个小组对接2—3所学校,对种子学校进行一对一的指导。2022年5月,龚维局长成为天河教育掌门人,他一再叮嘱:华东项目要好好做,教育局要优先支持与保障好这个项目的运转。

　　我们开启了项目的首次培训——天河区学校课程领导力高级研修班,17所种子学校每校派出校长等三名管理人员参与培训。华东师范大学课程与教学研究所为我们用心设计了课程,精心安排了授课教师,课程之系统性与授课教师的专业性,再次点燃了天河教育人的热情。大家感慨:这是我们参加过的最好的培训。因此大家也分外珍惜这次培训,白天培训,晚上或与指导专家见面交流,或小组研讨。整整一周,我们沉浸其中,带着学校课程实施方案编写要求、框架与思路回到了学校。趁热打铁,我们立即召开种子学校学习分享与工作计划交流会。各学校纷纷组建项目团队,成立课程实施方案编制小组,建立每周一次研讨工作机制。区域层面,也根据各校推进情况,不定期召开交流会,让学校之间相互借鉴,相互鼓励,营造共同学习的良好氛围。学校在专家的指导下,数易其稿,终于拿出了较为满意的课程方案。在这个过程中,学校收获的不仅是一个较为完整的课程实施方案,更重要的是真正厘清了学校的育人目标、办学理念,形成了学校教育哲学,明确了办学使命,理解了国家课程的重要性,明晰了学校课程的设置、实施及评价之间应该保持内在一致性。有的校长说,这样的项目终于解除了他们的教育焦虑;有的校长说,制定方案的过程让他们的教育人生更加圆满,不留遗憾。学校课程实施方案是学校的纲要性文件,为校本化落实国家课程奠定了扎实的基础。

为了记录和分享天河区新课程新教学的行动,我们首先结集出版第一本著作——《育时代新人 绘课程蓝图:学校课程实施方案精选》。该书共收录了17所种子学校的课程实施方案。虽然每份方案的主笔只有几位,但是每所学校的方案都凝聚了全校教育共同体的力量,还包括学生及其家长的参与。大家共同努力,进行了长达两年的不断研讨、打磨、修改,才有了这17份勤劳和智慧的结晶。方案既体现了学校办学历史的传承,也体现了对未来发展的思考,为学校下一个五年乃至更长时间里的发展绘制了行动蓝图。这些方案,既符合学校课程实施方案的专业规范,也充分彰显了学校的个性特色。每所学校的课程实施方案都配有专业点评,这有助于读者理解各个实施方案的核心和亮点。此外,随着项目的持续推进,我们拟继续出版《聚核心素养 做学科规划:义务教育学期课程纲要精选》《新教案Ⅰ:小学单元学历案精选》《新教案Ⅱ:初中单元学历案精选》《新教研:学为中心的课例研究》等。

两年来的项目实践改变了一大批教研员、校长、老师的观念和行动,我们感到由衷的欣慰!天河区义务教育正走向高质量的发展,我们无比憧憬!值此书出版之际,我谨代表天河教育人对给予此项目支持、指导的所有专家和参与此项目的全体同仁表示衷心的感谢!此外,我要把特别的感谢献给你们:华东师范大学课程与教学研究所的每位专家、广东省教育研究院傅湘龙院长、广东省教育厅基信处赵琦处长、广州市教育研究院方晓波院长,以及华东师范大学出版社教育心理分社彭呈军社长!因为有你们,天河行动才有方向!

温暖童年　照亮梦想　向阳生长

——广州市天河区华阳小学课程实施方案

为了贯彻党的教育方针,落实立德树人根本任务,办好人民满意的教育,进一步探索、优化适合每个孩子的育人方式,焕发"生本教育"新活力,华阳小学依据《义务教育课程方案(2022年版)》和《广东省义务教育阶段课程实施办法(试行)》,特编制此课程实施方案。

一、背景与依据

(一) 学校传统与优势

华阳小学自1999年开展"生本教育"实践研究以来,坚持"充分相信学生,高度尊重学生,全面发展学生"的办学理念,学校的办学水平不断提升,先后获得全国生本教育改革先锋学校、中央文明办"做一个有道德的人"活动联系点、全国少先队工作先进单位、全国科研兴校示范基地等100多项综合荣誉。2012年开始,华阳小学围绕"拥有完整心灵的太阳娃"的培养目标,构建"七彩生本自立课程",运用"以学定教单元整体教学模式"进行国家课程校本化实施。"七彩生本自立课程"于2018年获得基础教育国家教学成果奖二等奖。

(二) 课程发展经验与基础

华阳小学创办于1992年9月,现有四个校区,144个教学班。通过SWOT分析,学校课程发展经验与基础如下:

地理环境。学校坐落在广州市新中轴线天河北路商务中心区。学校毗邻华南师范大学和广州体育学院,周边社会资源丰富;粤港澳大湾区建设给学校带来更多机遇,视野更加开阔,能更好地满足家长们对优质教育资源的期待与要求。

学校管理。学校各项管理制度较为齐全,管理机制运作比较成熟,管理人员具备一定的课程领导力。2018年增设独立的课程发展中心,为学校课程发展与建设,提供了专业保障。

教师队伍。教师队伍以生为本、爱岗敬业、团结上进、积极创新。学校教师年龄、职称、学历结构分布合理,充满朝气。学校已有名校长、名教师、名班主任工作室共13个,涌现出一批特级教师、南粤优秀教师、省市区骨干教师。随着办学规模不断扩大,年轻教师逐年增加,编外教师流动性大,教师队伍建设面临挑战。

学生状况。大部分学生热爱阅读,知识面广;思维活跃,视野开阔;兴趣广泛,乐于参加社会实践活动;阳光自信,表现力强。但部分学生耐挫力和情绪管理能力有待提升。

特色课程。"七彩生本自立课程"包括赤之远·责任课程、橙之健·运动课程、黄之魅·展能课程、绿之趣·阅读课程、青之跃·探究课程、蓝之海·思维课程、紫之贵·美德课程七大课程群,为学生德智体美劳全面发展提供了丰富的课程资源。但由于校本课程实施的时间和空间有限,需进一步梳理和优化。

(三) 学生与社区课程需求

学校开设了丰富的课程,"华阳少科院""我们的社团"等课程已形成特色,深受学生和家长喜爱。但是,学生希望学校能增加实践类课程,如研学、参观博物馆等,并期待学校有更丰富的艺术、科技与体育课程。家长和社区对学校的课程建设充满期待:一是希望进一步提高课程实施质量,并增加拓展类和创新类的课程;二是希望持续开设红色基因、思政育人课程;三是希望加强公益活动的开展。

(四) 学校教育哲学(愿景、使命与毕业生形象)

"三十而立"的华阳小学越发清晰自己的追求与愿景:让学校成为一个温暖童年、照亮梦想、向阳生长的地方。在这里,师生以"逐日"的姿态,让生命成长呈现万千可能。

学校努力做到:

相信、尊重孩子,发现孩子的潜能,培育具有"阳光七品"的太阳娃;

鼓励、信任教师,激发教师的创造,成就"守护童心,载梦前行"的华阳好教师;

优化学校课程设计与实施,构建素养导向的"生本课堂"新样态;

开发优质丰富的教育资源,打造"暖阳"家校协同育人共同体。

华阳小学全面贯彻党的教育方针,依据《义务教育课程方案(2022年版)》中的培养目标,培养有理想、有本领、有担当的时代新人,在广泛而深入的讨论基础上,形成了校本化的毕业生形象——具有"阳光七品"的华阳太阳娃。

"阳光七品":心有远志、热爱运动、文明有礼、乐学善思、实践创新、悦读悦美、阳光自信。

二、学校课程计划及说明

(一)课程设置

华阳小学课程包括国家课程、地方课程与校本课程,地方课程与校本课程整合实施。国家课程包括道德与法治、语文、数学、英语、科学、信息科技、体育与健康、音乐、美术、劳动、综合实践活动,共11门科目。地方课程包括地方综合课程、生涯规划和创新教育三门课程。校本课程设立了童梦、童创和至远3个课程群。国家课程为主导,地方课程与校本课程为辅助和补充,共同促进学生全面而有个性的发展。

(二)学校课程计划

表1-1 华阳小学课程设置及安排表

科目/课程	各年级周课时					
	一	二	三	四	五	六
道德与法治	2	2	2	2	3	3
语文	9	8	7	7	6	6
数学	3	4	4	5	5	5
英语			3	3	3	3
科学	1	1	2	2	2	2
信息科技			1	1	1	1
体育与健康	4	4	3	3	3	3
艺术	4	4	3	3	3	3
童梦课程 童创课程 至远课程 (整合实施综合实践活动、劳动、班队活动、英语口语、人工智能)	3	3	5	4	4	4
周课时总数	26	26	30	30	30	30

(三)说明

1. 此计划会按照广州市教育局的最新要求作相应的调整。

2. 每学年新授课时间按 35 周计算;每课时 40 分钟。

3. 《习近平新时代中国特色社会主义思想学生读本》作为必修内容,一至六年级平均每周 1 课时,与道德法治、班队活动统筹安排课时。

4. 语文:三至六年级每周 1 课时开设"书法"。

5. 体育与健康:一至二年级每周各 4 课时;三至六年级每周各 3 课时。每天大课间活动 30 分钟,没有体育课的当天安排 30 分钟的阳光体育活动,保证学生每天 1 小时校内体育锻炼时间。

6. 英语口语:一至二年级开设英语口语课程,纳入校本课程课时统筹管理。

7. 校本课程设立童梦、童创和至远 3 个课程群,与劳动、综合实践活动、班队活动等整合实施,每周不少于 1 课时。

8. 在小学一年级第一学期安排入学适应教育,统筹使用道德与法治、劳动、综合实践活动、班队活动、地方与校本课程中部分课时,落实幼小衔接工作。

9. 中小学国防教育、安全教育等专题教育,融入相关国家课程、地方课程、校本课程中开展。

三、课程实施与评价建议

(一)高质量实施国家课程

1. 全面渗透"立志教育"

充分发挥课堂教学的主渠道作用,致力于在国家课程实施中建构"心有远志的课程思政"体系,实现学科教学与学科育人的和谐统一,全面推进全员育人、全学科育人、全方位育人。

2. 积极探索基于课程标准的学期课程纲要编制

以学期课程纲要研制为抓手,提升课程领导力和课程实施质量。以《义务教育课程标准(2022 年版)》为指导,整体设计一个学期的教学安排,编制由导语、课程目标、课程内容、教学实施与学业评价等要素组成的学期课程纲要,替代以前的教学进度计划。通过课程纲要分享课引导学生明确自己的学习责任与路径。定期邀请专家对学期课程纲要进行论证,促进学期课程纲要编制过程制度化和专业化。

3. 全面推进"单元学历案"

华阳小学在"以学定教单元整体教学模式"实践经验的基础上,依托天河区基础教育课程与教学质量提升项目及广东省基础教育校本教研基地项目,以"单元学历案设计、实施与反思"为抓手,强化学科实践,积极推行素养导向下"教—学—评"一致性研究,深化感受课、精学课、拓展课和整理课等课型研究,迭代升级"以学定教单元整体教学模式",切实提高课堂教学质量,逐步构建"生本课堂"新样态。

4. 全面开展"跨学科主题学习"

使用国家课程不少于10%的课时,由年级课程部长与教学部长统筹,一至二年级以主题式综合活动的方式,集中安排为每周一个下午;三至六年级自主选择适合开展跨学科主题学习的话题,确定与主题学习相关的学科内容,通过项目招标、教师小组合作的形式,进行跨学科主题学习单元设计,并安排课时完成学习。

5. 优化作业设计

常规性作业设计。采用书面作业与非书面作业相结合的作业形式。书面作业以"单元作业超市"为主要形式,注重内容的层次性、情境的生动性、呈现方式的多样性,激发学生的学习兴趣,发展认知能力。非书面作业可采用听说、动手操作、社会实践、综合应用、合作作业等方式,调动学生多种感官,重视学生思维过程,促进学生素养提升。

探索性作业设计。每个集备组每学期至少设计一项探索性作业。探索性作业需立足教材、联系生活、注重实践,培养学生发现问题、提出问题、分析问题和解决问题的能力。

6. 深入开展课后服务探索

课后服务由学校组织实施,做到"5×2",即每周5天,每天2个学时,其中每天至少安排1个学时的基础托管。基础托管由教师和家长志愿者承担,以学生自习为主,对学习有困难的学生进行辅导,使学生在校内基本完成书面作业,着力减轻学生的作业负担。结合学生兴趣和学校"阳光七品"的育人目标,协同第三方机构开设特色课程(社团活动),帮助学生培养兴趣、发展特长,在校内满足学生多样化的学习需求。

(二) 合理开发与整合实施校本课程

校本课程设立童梦、童创和至远3个课程群。校本课程与劳动、综合实践活动、班队活动等整合实施,每周不少于1课时。在课程安排上,将每学期16周分成四个单元,一个单元4周。每门课程16个单元,聚焦学校育人目标,六年整体规划。校本课程排入课表,各年级由领航教师牵头组建校本课程开发核心团队,指导年级统筹实施。校本课程实施如表1-2所示。

表1-2 华阳小学校本课程安排表

课程 年级	9月/3月 (一个单元4周)	10月/4月 (一个单元4周)	11月/5月 (一个单元4周)	12月/6月 (一个单元4周)
一年级	童梦课程	童梦课程	童创课程	至远课程
二年级	童梦课程	童梦课程	童创课程	至远课程
三年级	童梦课程	童创课程	童创课程	至远课程
四年级	童梦课程	童创课程	童创课程	至远课程
五年级	童梦课程	童创课程	至远课程	至远课程
六年级	童梦课程	童创课程	至远课程	至远课程

(三)自主开展特色教育活动

为丰富学生的课余生活,陶冶学生的情操,提高学生的综合素质,培育"阳光七品"太阳娃,学校根据学生的兴趣特长,为"太阳娃"提供素质发展和特长展示的舞台,这也是学校艺术文化活动的窗口。学校自主开展的特色教育活动有"我们的榜样""我们的社团""我们的节日""我们的小舞台"。"我们的榜样"通过"美德首富""队干竞选""华阳演说家"等活动打造优秀太阳娃形象;"我们的社团"分为校级社团与班级社团两大类,通过自主申报、自发加入;"我们的节日"依托学校三大节庆活动"体育节""文化艺术节""科技节",结合法定节日、传统节日,积极开展主题实践活动课程;"我们的小舞台"指四校区晨间、午间展演,天河东校区的"大榕树下的音乐会"、林和东校区的"林和雅颂"、华成校区的"七彩小舞台"、天润校区的"天润之魅"。学校每学期定期组织开展"华阳公益"活动,教师、家长身体力行,引导学生从小做公益,培养其心有远志、反哺社会的阳光品质。"华阳少科院"通过科普讲座、科学实践活动、"探索娃在行动"科学节目、"探索娃在研究"四个层级的活动有序开展。

(四)强化课程评价

1. 学习评价

(1)结合《向阳生长评价手册》开展过程性评价,以平时表现为依据,通过自评、同伴评和教师评等方式,引导学生独立思考、积极参与、合作探究、自信表达,促进良好学习习惯的养成。

(2) 以期末水平测试成绩为依据(一、二年级以项目式学习综合表现为参考),结合过程性评价,实行综合素质等级评价。

(3) 结合国家义务教育质量监测、广州市智慧阳光评价测评、天河区教师发展中心组织的期末质量监测与学科抽测、学校组织的"绿色作业班""绿色作业年级""向阳班"评选等各级各类评价方式,对学生进行全面系统的测评。

2. 教学评价

以《华阳小学"生本课堂"评价标准》为指引,明确素养导向下"生本课堂"的新样态应具备的特点和要求,在各类教研活动中开展课堂观察评价,体现"教-学-评"一致性的思想。

3. 方案评价

课程纲要评价。每学期初由各学科教研组共同研制学期课程纲要,并由课程发展中心和教学研究中心对课程目标、课程内容、课程实施与课程评价等要素进行审议,在实施中反思改进,不断优化。

教学方案评价。教师按照单元学历案模板进行教学设计。在教学实施中推进"教—学—评"一致性的研究,对教学方案进行自我评价,学校教学研究中心定期组织优秀单元学历案评比和交流活动。

四、保障措施

(一) 组织保障

为了保障课程的顺利实施,华阳小学成立学校课程发展中心、教师发展中心、教学研究中心、学生发展中心、校务管理中心,五位一体,共同作为组织保障。

1. 课程发展中心

课程发展中心负责课程的总体规划和引领协调,在课程规划中起主导作用。具体工作内容包括:制定课程方案、遴选校本课程、搭建课程结构、制定课程设置表、落实课程实施与评价,持续更新完善课程。

2. 教师发展中心

教师发展中心负责提升教师课程领导力。具体工作内容包括:组织开展各级各类校本研修,形成教师生态成长链,保障三类课程的实施。

3. 教学研究中心

教学研究中心负责国家课程的校本化实施,地方课程、校本课程中"童创课程"的实施与督导。具体工作内容包括:学校课表编排,学期课程纲要编制,学历案开发,课堂观测量表的研制,课堂评价手段的落实与开发,作业管理制度的制定与监测,作业设计、实施与管理的研究,课程实施情况的监督。

4. 学生发展中心

学生发展中心负责校本课程中"童梦课程""至远课程"的设计、实施与评价,自主特色教育活动的组织实施和家长课程资源的开发。学生发展中心充分发挥家长委员会的作用,加强家长学校的建设,帮助家长进一步理解学校育人目标,共同参与到学校课程改革中来。

5. 校务管理中心

校务管理中心负责教师课程实施考核。具体工作内容包括:"育人奖"评选、教师职称晋升评定、年度考核及专业技术考核等。校务管理中心为学校教育教学和管理提供全方位的设施设备、资源与技术等保障。

(二)制度保障

1. 机制保障

"2+X"日常教研机制。确保各学科每周固定的教研时间,每月开展2次主题式集体教研:1次分年段,1次全学段;每月由各学科集体备课组、师徒、年轻教师等群体开展自主教研。日常教研要为课程纲要编制、学历案设计以及基于学历案的教学研究等提供时间保障。

"一站一研"主题教研机制。发挥华阳生本研究院的作用,推进28个工作站、15个工作坊建设"一站一研"主题教研机制,为丰富学校课程内容,创新学校课程实施提供专业支持。

年级视导机制。每学年第一学期,教学研究中心组织行政人员与生本研究院的专家定期对各年级进行年级建设、班级文化、课堂教学、作业情况等方面的全方位视导。视导课的上课人数要达到年级人数的80%;要在视导课中体现基于"单元学历案"的教学以及学科渗透"立志教育"研究。

生本学术年会机制。每学年第二学期,教学研究中心与学生发展中心组织开展生本学术年会活动,包括生本教育学术沙龙、大师引领、同课会、"华阳杯"成果展示、教师成长微讲坛、班级文化建设等板块的教研活动,为"教—学—评"一致性的研究搭建深度教研的平台。

2. 制度保障

制订校本研修制度、校本课程管理制度、学生述评制度、向阳评价制度、作业管理制度、跨学科主题学习设计指南、课程纲要编写指南、单元学历案编写指南、课例观察指南等文件,确保每一类课程实施都有据可依,有章可循。

(三) 资源保障

1. 师资保障

学校的省市区名教师(含特级教师)发挥辐射引领作用,引领课程的开发、实施与评价;学校骨干教师发挥教研教学示范引领作用,深化课程实施与评价;学校年轻教师学习研究,落实课程实施。遵循"以老带新,均衡分布"的原则,尽量做到各校区、各年级、各学科师资配备均衡。

2. 信息化建设

进一步加强数字化校园建设,实现课程资源共享;充分发挥信息技术的优势,为课程发展提供丰富多彩的资源;促进信息技术与学科课程的整合,逐步实现课程实施方式的变革,为课程信息化运作提供保障。

3. 场馆设施

为了体现学校愿景和使命的要求,更好地达成育人目标,学校不断完善各项设施配备。学校博物馆、七彩长廊、班级创意园、梦想树等体现华阳办学文化;太阳娃广场、校区小舞台、朗读亭、粤剧亭等为学生提供展示舞台;都市小农夫菜园、创客室、智慧图书馆、恒温游泳池等助力学生个性化发展。学校将持续优化校园环境,为课程实施提供保障。

(编者:陈丽霞、周洁、王荧、赖艳、江赵梅)

广州市天河区华阳小学课程实施方案点评

华阳小学编制的学校课程实施方案,在总结学校开展生本教育的探索和成就基础上,依据《义务教育课程方案和课程标准(2022年版)》等政策要求,着力焕发生本教育新活力,培养具有"阳光七品"的太阳娃,从而确定了华阳小学课程实施方案的主基调,据以指导华阳小学的课程与教学工作。

这份课程实施方案,既符合学校课程实施方案的专业规范,同时也充分彰显了华阳小学的学校特色。

第一,准确分析华阳小学坚实的课程规划基础

该方案盘点了华阳小学以生本教育为代表的教改实践成果和家底,特别是结合获得国家教学成果二等奖的"七彩生本自立课程"开发成果,梳理学校课程发展的经验与基础,把义务教育培养目标融会为华阳小学的办学愿景和太阳娃形象,谋划华阳小学未来六年新一轮的课程与教学改革大计。

第二,有特色地落实国家、地方、校本三类课程结构

该方案根据义务教育课程方案和课标要求,结合省市课程政策,落实国家课程和地方课程设置,同时开设由童梦课程、童创课程和至远课程组成的校本课程,将国家课程、地方课程、校本课程三类课程结构转化为具体的课程计划表,对课程设置的课时安排等操作问题进行清晰说明,在结构上确保有效实施国家课程,规范开设地方课程,合理开发校本课程。

第三,统筹推进课程实施与课程评价

该方案把课程实施和课程评价合并在一起,作为一个整体加以统筹考虑,而且都有重点举措。在课程实施方面,分别在有效实施国家课程、规范开设地方课程、合理开发与整合实施校本课程、自主开展重大特色教育活动等方面做出规定和安排。同时,同步推进课程评价。其中,在国家课程实施方面,提出了全面渗透"立志教育"、积极探索基于课程标准的学期课程纲要编制、全面推进"单元学历案"、全面开展"跨学科主题学习"、优化作业设计、深入开展课后服务探索六大重点举措。地方课程和校本课程、劳动、综合实践活动、班队活动等进行整合实施,对童梦课程、童创课程和至远课程做

了结构上的布局。学校自主开展的特色教育活动丰富，能很好地呼应学校的毕业生形象。相应的课程评价重点则涵盖方案评价、学习评价和教学评价三大方面。

第四，制定五位一体、责任共担的课程实施保障措施

该方案规定了华阳小学保障课程实施的组织、制度和资源安排。其中，核心是学校课程发展中心、教师发展中心、教学研究中心、学生发展中心、校务管理中心"五位一体"，责任共担，协同落实课程实施的制度和资源保障。

（点评：吴刚平、刘钧燕）

02

崇真　立善　尚美

——广州市天河区体育东路小学课程实施方案

为深入贯彻习近平总书记关于教育的重要论述精神，落实党中央、国务院关于教育工作的系列文件要求，培养德智体美劳全面发展的社会主义建设者和接班人，体育东路小学依据教育部《义务教育课程方案（2022年版）》和《广东省义务教育阶段课程实施办法（试行）》，以帮助每一位学生不断认识自己、发展自己、成就并且超越自己，成为崇真、立善、尚美的"自我超越者"为育人目标，编制此课程实施方案。

一、背景与依据

（一）学校传统与优势

体育东路小学开办于1990年8月。30多年来，学校坚持阅读立校、科研兴校、信息化强校的办学路径，以"让每一个人做最好的自己"为办学理念，通过合理的课程建构与有效的课程实施，帮助每一位学生不断认识自己、发展自己、成就并且超越自己，成为崇真、立善、尚美的体东少年。

学校积极落实中央宣传部《关于促进全民阅读工作的意见》，教育部、文化部和国家新闻出版广电总局三部门《关于加强新时期中小学图书馆建设与应用工作的意见》等文件精神，以阅读立校，大力探索小学生阅读素养提升的策略与路径，把阅读输入与表达输出紧密结合。2006年至今，学校每年举行书香语艺节活动，持续十年开展"小学语文互动阅读有效性研究"，以科学的阅读课程和主题化的阅读活动推进学校教育教学改革与发展。

学校以科研兴校，鼓励和支持教师积极申报各级各类教科研课题，并通过一年一度常态化的教科研发表活动,激发教师的教科研兴趣,提升教科研能力,从而保障课程质量、课堂效能和育人水平。其中,《融合信息技术的中小学课堂模式创新与实践》获广东省2019年基础教育教学成果一等奖,《小学探究型课程的实践与思考》获广东省第五届普通教育教学成果奖二等奖。

学校以信息化强校,深入开发利用信息资源,促进信息交流和知识共享,从而推动学校发展转型。长期的信息化创新改革取得了丰富的办学成果,目前,体育东路小学是全国现代教育技术实验学校、教育部第一批教育信息化试点学校、广东省中小学教师信息技术应用能力提升工程2.0试点校、广东省教育信息化中心校、广东省融合创新项目实验校、广州市智慧校园样板校、广州市创建全国"智慧教育示范区"支撑校。

(二)课程发展经验与基础

1. 有品牌影响力。体育东路小学现有教学班31个,学生1323人。经过30多年的科学发展,学校已获得广泛的社会认同,被誉为广州CBD的教育新地标、广州国际大都市好教育的示范窗口,是一所具有品牌影响力的现代化学校。

2. 师资优良。体育东路小学现有编内教师54人,编外教师26人,其中正高级教师1人,高级教师5人,省名师1人,区名师2人,广州市优秀班主任1名,广州市优秀教师5名,广州市骨干教师6名,区教坛新秀7人。教师队伍教学理念新、业务能力强,能满足各学科的教学开展需要,也有能力推动学校的课程革新。

3. 家长社区认同。学校地处广州市中心城区,所在社区高度认同学校"让每个人做最好的自己"的办学理念,充分肯定学校的办学业绩。家长育人观念先进,高度重视素养培养,大力主张强化孩子的思维发展、审美品质和实践能力,重视孩子的人格养成和心理培育,能够为学校课程建设提供强有力的支持,并且能够积极发挥家庭教育在孩子人格塑造、价值观培养、行为习惯养成等方面的重要作用。

4. 学生兴趣广泛。学生对走班制、自主学习、小组合作探究式学习以及体验式学习、跨学科学习、项目式学习、主题研学等综合性活动课程,以及线上线下混合等学习方式均表现出浓厚兴趣。

5. 资源优质丰富。学校毗邻广东省博物馆、广州大剧院、天河体育中心、广州市图书馆、广州市少年宫和天河区少年宫,现代化的文体场馆为学校课程建设和实施提供了丰富的资源和充足的保障。学校作为天河区和华东师范大学课程与教学研究所合作项目的种子学校,课程研发得到专业支持,也拥有更多的学习机会和展示平台。

但是,学校教师队伍还不够稳定,学科发展不够均衡;教师以生为本的教育理念还有待提升,课程意识仍有待加强。

在教育资源均衡配置的大背景下,如何以政府标准化的投入,创造更公平、更优质、更个性的素质教育?在时代变化和区域经济发展对人才提出更高要求的大背景下,如何保持并不断擦亮学校品牌,满足大都市中心区老百姓对义务教育的高层次需求?如何应对学校发展过程中出现的不利因素,扬长避短,培养未来大都市杰出人才?这些是学校发展面临的难题,也是课程改革面对的挑战。

(三) 学校教育哲学

1. 学校愿景

为落实国家提出的"有理想、有本领、有担当的时代新人"的培养目标,体育东路小学牢记习近平总书记提出的"为党育人、为国育才"的崇高使命,围绕立德树人根本任务,秉承"让每个人做最好的自己"的办学理念和价值追求,以办一所崇真求真、循善立善、尚美创美、书香浸润、活力十足、智慧赋能的现代化高品质生态学校为宗旨,为加快推进教育现代化、建设教育强国、办好人民满意的教育贡献力量。

2. 学校使命

学校继续坚持阅读立校、科研兴校、信息化强校的发展战略,走可持续发展之路,并着力以下五个方面的办学实践:

(1) 进一步厘清学校教育哲学,优化课程体系,通过课程变革落实"五育并举"。

(2) 以优化并实践互动教学模式为抓手,推动课堂教学变革,打造"教学评一致性"的优质高效课堂。

(3) 提升教学管理的质量水准和效益,构建素养导向、技术融合的互动智慧教研共同体,提升教师队伍整体活力。

(4) 建立结构合理的课程管理组织架构和课程实施与评价的保障制度,保障课程建设的有效推进和课程项目的有效实施。

(5) 积极探索家校社协同育人机制,创建积极、和谐、民主的教育生态。

3. 毕业生形象

体育东路小学以"让每个人做最好的自己"为办学理念,以"做崇真、立善、尚美的自我超越者"为育人目标,致力培养学生成为长于阅读、善用信息、敢于创新的人,爱人如己、心怀家国、着眼未来的人,身心健美、劳艺创美、言行兼美的人。

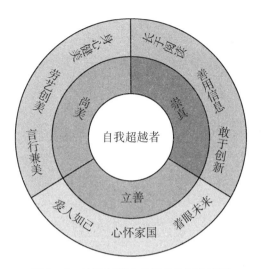

图 2-1 体育东路小学毕业生形象图示

二、学校课程计划及说明

（一）课程结构

体育东路小学课程由国家课程、地方课程和校本课程三部分组成。国家课程设置道德与法治、语文、数学、英语、科学、信息科技、体育与健康、艺术、劳动、综合实践活动课程。地方课程包括地方综合课程、生涯规划和创新教育三门课程，与校本课程整合实施；小学一至二年级开设英语，纳入校本课程课时统筹管理。校本课程在开齐开足国家课程的基础上，根据学生个性化发展需求、教育资源和学校特色发展需求，设置如下：

表 2-1 体育东路小学"自我超越者"校本课程结构

类别	科目
慧创课程	创意搭建、创意编程
慧读课程	项目式阅读：阅读＋戏剧表演、阅读＋故事朗诵、阅读＋诗歌创作
	主题式阅读：健康主题、科创主题、艺术主题、人文主题
慧动课程	篮球、足球、排球、乒乓球

（二）课程设置与课时安排

表2-2　体育东路小学课程设置及课时安排表

科目/课程	各年级周课时						备注
	一	二	三	四	五	六	
道德与法治	2	2	2	2	3	3	融入"慧德"活动
语文	9	8	7	7	6	6	
数学	3	4	4	5	5	5	
英语	1	1	3	3	3	3	一、二年级利用校本课程的课时开设1节英语口语课
科学	1	1	2	2	2	2	
体育与健康	4	4	3	3	3	3	三年级在5—6月、9—10月，每周2课时游泳课
艺术	4	4	3	3	3	3	
信息科技			1	1	1	1	
劳动	2	2	3	3	3	3	
综合实践活动							
班队会							
慧读				1			"主题式阅读"课程
慧创				1	1		"项目式阅读"课程
慧动			1			1	
周课时总量	26	26	30	30	30	30	

说明：

1. 此计划会按照广州市教育局的最新要求作相应的调整。

2. 每学年共39周，新授课时间35周，复习考试时间2周，学校机动时间2周。

3. 一至二年级的道德与法治、劳动、综合实践活动、班队活动与学校的慧读课程之"主题式阅读"整合实施，采用大项目、大任务、跨学科研究性学习统整内容。

4. "慧读"课程之"项目式阅读"和"慧创"课程采用走班选课方式，在四年级和五年级开设。"慧动"课程也采用走班选课方式，在三年级和六年级开设。

5. "慧德"活动是学校德育传统，在道德与法治、班队会、综合实践活动和劳动等课程中整合实施。

三、课程实施与评价建议

为实现"做崇真、立善、尚美的自我超越者"的育人目标,让每个人做最好的自己,体育东路小学严格按照上级主管部门的各项管理规定和质量要求,高标准实施国家课程、地方课程、校本课程。

(一)高质量实施国家课程

全面贯彻国家教育方针,开齐上足上好国家规定的各类课程。课程实施的关键路径如下:

1. 研制学期课程纲要,推动国家课程校本化实施

学期课程纲要是国家课程校本化的重要标志。各年级备课组按照《体育东路小学学科学期课程纲要编制指南》研制学期课程纲要,并按以下步骤有序推进。

(1)学期开学前集体备课组完成初稿;

(2)开学第一周集体备课组组织研讨、修改、完善、定稿;

(3)依据课程纲要设计单元学历案,使学科教学、学生学习、教学评价围绕课程纲要形成一个有机整体;

(4)学期末,各科组开展集中交流、分享、评议,集体备课组对课程纲要使用进行反思小结,形成文本存档,供下一年级参考使用。

2. 优化素养导向的互动教学模式,深化课堂教学改革

在课改新理念、新技术的背景下,继续实施并进一步完善素养导向的互动教学模式。教师在实际操作中把握六要素:

(1)素养导向。牢固确立以核心素养为导向的教学观念,依据学生终身发展和社会发展需要,明确育人主线,加强正确价值观引导,重视必备品格和关键能力,精选课程内容,更好地解决为什么而教、教什么、怎么教的问题。

(2)深度互动。认识互动是学习的基石,积极探索如何通过师生互动、生生互动、师生与资源和环境互动等多向互动促进学生深度学习。

(3)技术赋能。主动融合优质资源创新教学方式,让信息技术赋能课堂教学,在"运用技术进行学情诊断、创造真实学习情境、创新解决问题的方法、支持学生创造性学习与表达"等方面有新的突破。

(4)评价贯穿。主动推进教学评一致性,确定清晰的教学目标,设计与目标匹配

的评价任务,规划基于目标的教学过程。

(5) 问题导学。寻找教学的"大问题"——集综合化、真实化为一体的问题,既能包含所学的知识点,又能引发思考、探究的问题,给予学生更多的学习时间和空间开展深度互动、深度学习。

(6) 拓展迁移。促进学生将新知识、新经验用于新的问题情境中,形成迁移能力,最终实现"活学活用"。

3. 开展作业研究与治理,将作业与核心素养培育结合起来,实现"作业育人"

树立"全面育人"和"提质控量"的作业观,站在促进学生全面发展、健康发展的视角进行作业的研究和设计;发挥教研组集体备课和班级各科任教师协同育人的作用,以单元为基本单位设计作业,协调作业时间,加强作业内涵管理,建构高质量作业设计与实施体系。加强以下三方面的研究:

(1) 加强单元作业目标的研究。明确并处理好单元作业目标与单元学习目标之间相互促进和补充的关系。

(2) 加强作业类型研究。科学合理地设计不同类型的作业,既要基于学生的基础知识、基础技能的发展需求设计基础性作业,也要基于学生核心素养的培养需求,设计具有探索性、实践性、合作性的综合性作业。

(3) 加强分层作业的研究。针对学生的差异性,设计分层作业。在时间、进度、方式、评价上给予学生更多的灵活性和弹性,做到因材施教。

4. 构建智慧教育背景下的互动教研共同体

借助现代技术平台,凝聚育人合力,打造一支理念先进,具有课程领导力,善于运用知识、经验、技术和研究改进实践的学习型共同体,促进教师在互动协作中自我超越,有效提升教学质量。

(1) 利用线上"未来教师成长中心"和线下"智慧教师成长研训中心"实现线上线下的教研联动、课程共建、资源共享、文化共融,为拓展校本教研的深度、广度和提高力度提供技术条件。

(2) 构建基于智慧教育环境的互动教研模式。各科组和小团队以学生成长为基点,根据改革热点和教育实践难点确立研究主题,通过研学融合、团队共学、科组共修、同伴共创等,探索基于互动、基于技术赋能的课堂变革,提升课程领导力。

(3) 借助"未来课堂教学比赛""未来教师研究发表会"等平台,推动教师在团队中课题共研、优课共磨、互相帮扶、彼此促进,物化成果,实现学校教学科研水平和育人质量的整体提升。

(二) 合理开发校本课程

"自我超越课程"由"慧读""慧创""慧动"三个课程群构成,旨在发展学校的办学特色,凸显读书育人、科创育人、体育育人的功能,共同服务于"做崇真、立善、尚美的自我超越者"的育人目标。

1. "慧读"课程之"主题式阅读"课程通过"健康""科创""艺术""人文"四大主题阅读活动,在互动阅读探究中,融入主题研究、全媒介阅读和跨学科学习的理念,把阅读和成长关联起来,帮助学生发现自我和找到人生榜样。"慧读"课程之"项目式阅读"课程是面向个性发展需求的适应性、选择性课程,满足不同学生的发展需求。该课程设计了戏剧、朗诵、讲故事、诗歌创作四个既符合学校特色又符合学生兴趣的专项任务供学生自主选择。

2. "慧创"课程之"创意搭建"课程将工程设计与人工智能融入课程,采用主题式学习,以目标为导向,使用数字化工具,激发团队创意,搭建创意模型,通过"做中学"培养学生跨学科解决问题的能力、团队协作能力和创新能力。"慧创"课程之"创意编程"课程是让学生通过探索体验、编程应用和交流评价,借助游戏、故事、实物模拟等有趣的方式去发现问题、解决问题,建立程序思维方式,提升逻辑思维水平,在实践中走上科学创造、求索真理的道路。

3. "慧动"课程的构建旨在建设"一校多品"的体育特色,让学生在熟练掌握一至两项球类运动技能的同时,通过有趣的"活动情境"和真实的"比赛情境",领会所学的动作技能在活动和比赛中的用途、运用时机、可能的变式,提高判断抉择、随机应变、团队协作等体育核心素养。

校本课程的有效实施关键在于师资。我校在发展师资方面的主要措施包括三个方面:一是提升教师的课程育人意识,让教师深入理解蕴含于课程的学生核心素养,将培育和发展学生核心素养的指导思想细化并落实到课程中;二是加强教师专业素养的培养,提高教师撰写课程纲要、单元学历案的能力;三是探索引进校外专业人士、家长等优质资源协助课程实施的机制。

(三) 充分发挥特色活动的育人功能

特色活动是学校教育教学的重要组成部分,对促进学生全面发展、自我超越,成为最好的自己发挥着重要的作用。"慧德"活动是学校德育传统,由"我是小学生""我爱红领巾""我做小主人""我的毕业季"四个成长阶段组成。其中"我是小学生"在一年级入学前和一年级上学期开展入学适应教育;"我爱红领巾"在一年级下学期开展入队教育;"我做小主人"在二至五年级开展责任与担当教育;"我的毕业季"在六年级开展理想信念教育。活动安排在道德与法治、班队会、综合实践活动和劳动课程中整合实施。

此外,每年举行的"四大节"活动(包括体育节、科技节、书香语艺节和艺术节)不断迭代优化,更好地培养学生的个性特长,促进学生健康成长。

(四) 课程评价建议

1. 学习评价

(1) 对国家课程学习的评价。学习评价包括过程性评价和终结性评价,各学科各年级在学期课程纲要编制中嵌入学习评价。过程性评价注重评价主体的多元化、评价内容的全面化、评价方式的多样化。要利用好"电子班牌""班级优化大师""钉钉"等技术平台建立"一生一档案",记录学习过程的数据。学期末对学生的学业质量进行一次终结性评价。学习评价要体现年段差异,低年段结合过程性评价和期末的学科综合性活动得出综合成绩,中高年段结合过程性评价和期末学业水平考试得出综合成绩,采用 A、B、C、D 四个等级进行评价。

(2) 对校本课程学习的评价。根据课程的特点和目标设计相应的评价指标。"慧读"课程从阅读思考、主题建构、探究实践、交流分享四个维度构建;"慧创"课程从动手实验、问题解决、团队合作、作品展示四个维度构建;"慧动"课程从运动技能、运动方法、规则意识、协作配合四个维度构建。

2. 教学评价

(1) 优化《体育东路小学互动课堂教学评价表》。互动课堂评价指标要聚焦"核心素养""教学评一致性""以学为中心""深度学习""技术融合"等关键要素,通过课例研讨、课堂观察,引导教师进行自我评价、自我监测、自我反思、自我改进。

(2) 展开教学满意度调查。通过同行评议、学生和家长评议,对教师的教育教学观念、行为等进行客观全面的诊断、评估。

3. 方案评价

为保障课程实施效果,学校按年度对课程实施的情况进行科学评价和动态管理。由课程管理中心、教师发展中心组织人员,定期检查、评审各学科课程纲要、单元学历案、作业管理、试卷编制与质量分析等内容。重点关注"素养目标""学生立场""教学评一致性",不断优化课程方案、增强实施力度,真正实现学校课程育人的功能。

四、保障措施

(一) 组织保障

学校成立课程管理、学生发展、教师发展、现代技术四大中心,合理配备人员,明确其职责、权限和行为规范,以保障课程建设的有效推进和课程项目的有效实施。

1. 课程管理中心:由校长、副校长、德育部门和教学科研部门负责人以及骨干教师组成,负责课程规划、实施、评价及其修订工作;确定每学期课程工作的重点内容和推进步骤;指导学生发展中心、教师发展中心和现代技术中心开展工作,保障课程实施的高质量和高效能。

2. 学生发展中心:由德育副校长领衔,组员包括德育主任、少先队大队辅导员、年级组长,负责指导"慧德"活动、"四大节"活动、劳动教育及其他综合实践活动的开展。

3. 教师发展中心:由教学副校长领衔,组员包括教学科研主任、科组长,负责学校教师教研共同体的构建和运行,包括教师培养培训制度建设、教育科研项目管理、教改探索和教科研成果推广等工作;为教师提供多样化、可选择的培训内容和模式;探索教师专业发展新模式,建立和完善教师专业发展保障机制;指导集体备课组制定学期课程纲要。

4. 现代技术中心:负责智慧生态校园基础设施建设和运行管理,包括各项新技术在学校管理、教师成长、教育教学中的应用推进与成效总结。

(二) 制度保障

为保障课程实施的质量和效能,学校制定三大保障制度。

1. 课程实施与教科研管理制度。定期对教师备课、课堂教学、作业设计与评价、教研活动等进行检查,通过科学规范的常态化管理落实课程建设工作。

2. 课程实施成果评选与发布制度。每学年开展"未来课堂教学比赛""未来教师研究发表会"活动,评选并发布优秀课程实施成果,并纳入教师学期末绩效考核与评价。

3. 课程研发与实施总结制度。每学年组织教师、家委会代表、学生代表参与课程评价,组建专家团队为学校课程研发与实施提供专业支持,整理发布学校课程建设年度报告,推动课程的迭代更新。

(三) 资源保障

1. 技术资源。不断优化智慧生态校园建设,持续打造"未来教师成长空间""智慧教师成长研训中心"等技术支持体系和互动交流平台,推动教师深度教研和课程高质量实施。加强支撑学生个性化学习的学习空间的建设,包括线下的人工智能实验室、智能录播室、智慧电视台的建设,线上元宇宙展览馆、电子班牌、钉钉班级分享圈的完善。建立课内外、校内外、线上线下的泛在学习空间,满足学生多样化的需求。

2. 专业资源。充分借助华东师范大学课程与教学研究所的专业资源,与专家团队深度合作,不断更新完善课程规划,提高学期课程纲要、学历案的设计水平,开展"以学为中心"的课例研究,高质量实施课程。

3. 社区资源。盘活学校附近的社区文化资源和现代场馆资源,使其更好地服务于校本课程和特色活动,不断研发切合育人目标、符合学生发展需求的课程,助力学生不断成长,做最好的自己,成长为有意愿、有能力的"自我超越者"。

(编者:曾丽红、游彩云、袁予湘、吴茂娟、黄妙辉)

广州市天河区体育东路小学课程实施方案点评

该校课程实施方案体系完整。可以看出，这份课程实施方案不仅仅是纸质文本上的文字方案，更是该校教师集体研讨、几经推敲、反复琢磨、共同研制的行动蓝图。

在第一部分"背景与依据"板块，能够对学校的已有优势与不足展开充分的SWOT分析。从学校已有的现状分析，展开学校教育的思考与规划，并确定了学校愿景、学校使命、毕业生形象。特别是抓住了该校发展中的三大亮点："阅读""科研"和"信息化"，进一步凸显了该校课程实施方案的针对性和前瞻性。第二部分"学校课程计划及说明"板块，关于几类课程的描述清晰到位，并进一步凸显了国家课程的校本化实施方案。值得一提的是，将体育东路小学的校本课程高度凝练成"自我超越者"的课程结构，并将其分为三大类别"慧创课程""慧读课程""慧动课程"。这三类课程也对应了该校在"科创""阅读"和"体育"的三方面突出优势。第三部分"课程实施与评价建议"板块，提出了很多可操作、可实施的策略与方向。特别是课堂教学改革方面，提出了素养导向、深度互动、技术赋能、评价贯穿、问题导学、拓展迁移六个方面的建议和策略。这六个方面不仅抓住了当下课程改革在教学层面的核心和要点，也进一步凸显学校在"信息化强校"方面的设计与规划。第四部分"保障措施"整体较为完善，进一步明确了组织保障、制度保障、资源保障，起到了有效的基础支撑作用。

整体而言，广州市天河区体育东路小学的课程实施方案具有一定的系统性、科学性、时代性。学校能够依据国家课程改革、课程标准，立足自身实际情况，紧跟时代发展方向，形成了一个高标准、高水平的课程实施方案，为学生成为崇真、立善、尚美的"自我超越者"描绘了育人蓝图。

（点评：杨晓哲）

03

红棉朵朵　向阳而开

——广州市天河区先烈东小学课程实施方案

为全面贯彻党的教育方针,落实中共中央、国务院《关于深化教育教学改革全面提高义务教育质量的意见》《关于进一步减轻义务教育阶段学生作业负担和校外培训负担的意见》等系列文件要求,落实立德树人根本任务,充分发挥学校教书育人主体功能,促进学生德智体美劳全面发展,依据《义务教育课程方案(2022年版)》和《广东省义务教育阶段课程实施办法(试行)》,学校认真总结前期课程改革与发展中取得的经验,综合评估自身发展优势及存在的问题,重新规划新时期的学校育人蓝图,特制定本课程实施方案。

一、背景与依据

(一)学校传统与优势

先烈东小学创建于1964年9月,坐落在广州市先烈路上,1985年成为天河区重点小学,1993年被评为广州市首批十所素质教育试点校之一,1994年被评为广东省首批省一级学校,先后获得各级荣誉近千项。因学校所在的先烈路周边遍布革命遗址,一直以来,学校发展中的"红色文化"特色鲜明。20世纪90年代始,学校逐步形成了"立热土,造净土;育传人,树贤人"的"国魂教育"特色,培养"敢为人先、守正尚贤"的学生。同时,学校成为华东师大"新基础教育"基地学校,进入飞速发展的轨道。作为天河区的第一代名校,先烈东小学对天河教育的发展作出了特殊的贡献。2019年,学校将广州市市花"英雄花"红棉向阳、向美、向上、有风骨的意象融入校园文化,具化"国魂教育"内涵,提出"红棉教育"理念,实现学校的创新优质发展。

(二) 课程发展经验与基础

表 3-1　先烈东小学 SWOT 分析表

自身优势(S)	自身劣势(W)
S1　学校占地面积 6 339 平方米,建筑面积 8 689 平方米。学校场室较宽裕,教师配备能满足学校教学工作。 S2　学校一直保持着"体艺双飞"的传统特色,是广州市传统艺术项目学校、广州市传统体育项目(游泳、田径、羽毛球)学校。学校现有芭蕾舞、羽毛球两个首批广州市高水平团队。	W1　学科带头人少,学科结构不均衡,教师课程意识较弱。 W2　周边多年没有新增楼盘,生源日渐萎缩。 W3　学生认知基础差异大,创新思维和创造性表达能力较弱。
外部机遇(O)	威胁挑战(T)
O1　国家义务教育课程改革持续推进;天河区实施"幼有善育,学有优教"幸福标杆行动计划,提升区域教育均衡发展水平。 O2　学校成为华东师大课程与教学质量提升工程项目种子学校,名家引领学校课程建设,学历案推进课堂改革,有利于促进学校教育教学发展。 O3　成立广州先烈东教育集团,学校成为集团核心校。	T1　在国家新一轮课程改革背景下,如何落实"立德树人"根本任务,在"双减"背景下实现教育教学的提质增效,是学校今后较长时间内的中心任务。 T2　新课标、新教材及新评价的落地实施,尤其是学历案的推广实施,对教师的教育教学理念及教育行为变革带来巨大的挑战。

(三) 学生与社区课程需求

学校通过学生座谈会、个别访谈和问卷调查,了解到学生对现有校本特色课程的平均满意度是 97.5%,其中羽毛球、游泳、民乐、合唱等受欢迎程度最高,他们也希望学校能开设更多更丰富的课程,比如科技、漫画、综合实践、硬笔书法和篮球等。因此,学校还应给学生提供内容更多元、形式更多样的校本课程。

(四) 学校教育哲学

在红棉文化的引领下,培育红棉少年,培养红棉教师,打造红棉家园。

1. 学校愿景

办一所有梦可追、有美可寻、有才可绽的成长乐园。

2. 学校使命

落实国家"培养有理想、有本领、有担当的时代新人"的育人目标,结合"红棉"文化内涵,培养身心向阳、品行向美、学习向上的"红棉少年"。

（1）有效实施国家课程，合理开发小红棉课程群，形成"五育"并举的课程样态。

（2）推进教育教学改革，提升课堂教学质量，打造学历案理念下的"'三动'红棉课堂"。

（3）加强教师校本研修，促进教师专业化成长，培育有理想信念、有道德情操、有扎实学识、有仁爱之心的"'四有'红棉教师"。

（4）家校社协同育人，携手家长和社区，深入挖掘育人资源，改善学校环境设施，完善学校治理制度，共建助力学生全面发展、健康成长的"红棉家园"。

3. 毕业生形象

培养身心向阳、品行向美、学习向上的"红棉少年"。

身心向阳：积极锻炼，保持乐观，尊重生命。

品行向美：喜爱艺术，热爱劳动，勇于担当。

学习向上：享受阅读，主动思考，大胆表达。

图3-1的"红棉娃"，由学生设计，红棉娃奔跑向前，一路向阳、向美、向上，全面发展，快乐成长。

图3-1 学生设计的"红棉娃"

图3-2 "红棉少年"的具体内涵

二、学校课程计划及说明

（一）课程设置

学校课程由国家课程、地方课程与校本课程三部分组成，培养"五育并举"的"红棉少年"。国家课程包括道德与法治、语文、数学、英语、科学、信息技术、体育与健康、艺术（音乐、美术）、劳动和综合实践活动课程。地方课程包括地方综合课程、生涯规划和创新教育三门课程。

劳动、综合实践活动、地方课程与校本课程整合实施，设置"小红棉课程群"，包括"小先锋课程""小健将课程""小云雀课程""小书迷课程"和"小工匠课程"。

（二）课程计划

表 3-2　先烈东小学课程设置与安排表

课时/年级	课程	各年级平均周课时					
		一	二	三	四	五	六
道德与法治		2	2	2	2	3	3
语文		9	8	7	7	6	6
数学		3	4	4	5	5	5
英语		1	1	3	3	3	3
科学		1	1	2	2	2	2
信息科技				1	1	1	1
体育与健康		4	4	3	3	3	3
艺术	音乐	2	2	2/1	2/1	2/1	2/1
	美术	2	2	1/2	1/2	1/2	1/2
劳动、综合实践活动、小红棉课程群（小先锋课程、小健将课程、小云雀课程、小书迷课程、小工匠课程）		2	2	5	4	4	4
周课时总量		26	26	30	30	30	30

（三）课程说明

1. 此计划会按照广州市教育局的最新要求作相应的调整。

2. 在一、二年级开设英语，以听说为主，纳入校本课程课时统筹管理。

3. 劳动、综合实践活动每周均不少于1课时，班团队活动每周不少于1课时，与小红棉课程群整合实施。专题教育以渗透为主，融合实施。

4. 书法在三至六年级语文课中每周安排1课时。

5. 每天设置大课间体育活动半小时，确保每天校园体育锻炼达到1小时。

6. 每学年举办一届体育节、艺术节、劳动科技节、读书节、心理节等活动；每学期有一次语文周、数学周、英语周等活动；每月进行一次飞花令、解字赛、诗词大会等活动。

7. 学校为学生提供丰富的、有特色的课后服务，以作业看管、阅读为主的基础托管和由校外第三方机构提供的以艺术、体育、科技、表演等特色课程为主的托管，满足学生和家长的多元需求。

三、课程实施与评价建议

(一) 有效实施国家课程

1. 研制学期课程纲要

学校课程研发部组织各学科教师通过深入解读课程标准、教材,结合学情,研制各学科学期课程纲要,明确课程目标,合理规划学期课程内容,设计实施策略和课程评价,整体规划每个学科的课程,体现课程育人价值。在学期第一课时,教师用恰当的方式与学生分享本学期的课程纲要,引导学生规划和管理自己的学习。

2. 设计大单元教学

以大单元设计统领教学,在学科学期课程纲要的基础上,结合课程标准、教材、学情和资源撰写单元学历案,利用结构化思维,以目标为引领,充分体现学习过程的进阶性、系统性、整体性和有效性,避免碎片化。通过学历案"教—学—评"一致的任务设置、学后反思等,让学生在真实有效的情境任务中有兴趣地学习,引导学生梳理已学的内容、梳理学习策略,管理和分析自己的收获和感受,提升学生的学习内驱力,改变部分学生创造思维与表达欠缺的现状,实现真实学习和深度学习。

3. 实施学历案理念下的"'三动'红棉课堂",推进课堂教学提质增效

深化"学为中心"的理念,强调学生立场,转变"师本位"的教学方式,实施学历案理念下的"'三动'红棉课堂"。落实上午课前分享、下午课前一歌、有趣的前置性作业等活动,让课前"生动"起来;组织具有探究性的活动,设计具有思考价值的问题,让学生课中"主动"起来;设计"学以致用"的任务,引导学生继续思考与探究,让课后"灵动"起来。

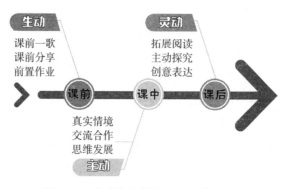

图3-3　先烈东小学"'三动'红棉课堂"

4. 落实"双减"导向的作业设计与实施

优化作业设计。以学生的自主学习为导向,各学科集备组明确作业设计和布置的规范,建构高质量的作业体系,探索大单元作业设计,让学生学得更有效。注重作业与学习目标的匹配度;注重不同学生作业需求的层次性,兼顾趣味性;严格控制书面作业的量,适当布置实践类作业。

优化作业实施与管理。落实作业公示制度,教学研究部每周检查一次班级作业布置情况,通过对作业时长和作业量进行监测,及时把控和调整书面作业量;每学期开展两次作业批改情况检查,了解教师是否进行精细批改,是否跟进二次批改等。

5. 在国家课程中渗透"立志教育"

作为天河区"立志教育"联盟校成员,学校各年级在"道德与法治"课程及其他学科中全面渗透立志主题教育,具体包括一年级"时间小主人",二年级"班级小管家",三年级"学习小能手",四年级"自律小达人",五年级"寻梦小雏鹰",六年级"追梦小先锋"。

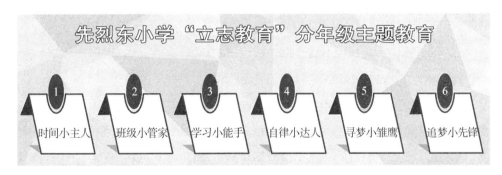

图3-4 先烈东小学"立志教育"分年级主题教育内容

(二)合理开发校本课程

小红棉课程群包括小先锋、小健将、小云雀、小书迷、小工匠五大课程。

1. 小先锋课程包括"小雏鹰"课程和"小星星"课程。"小雏鹰"课程主要是通过"红棉树下·少年说""红棉树下·少年行"等主题活动开展,培养学生的优秀品德。"小星星"课程主要是"我们在一起"课程,帮助思想与行为产生一定偏差的孩子共同进步。

2. 小健将课程包括羽毛球、游泳、田径课程。学校将国家课程中的体育课程与小健将课程整合实施,推进羽毛球进课堂,在每个学期体育课程纲要中纳入羽毛球相应训练内容的设计,形成训练序列,让每一个学生都学习羽毛球,喜欢羽毛球运动。同时,依托广州市高水平团队实施小健将课程,提高学生们的积极性和课程实施质量。

3. 小云雀课程包括舞蹈、合唱、语言艺术和各类乐器社团。学校将国家课程中的音乐课程与小云雀课程整合实施,推进口风琴进课堂,在每个学期音乐课程纲要中纳入口风琴相应学习内容的设计,形成训练序列,提升学生的艺术核心素养,实现让每个孩子掌握一门乐器的目标。同时,芭蕾舞队依托广州市高水平团队开展训练;各类乐器社团在低年段进行视唱练耳训练和独奏学习,到中高年段进行合奏学习,形成一定规模的乐队,推动学生积极参与常规课余训练和各类比赛竞赛。让学生在小学阶段做到"三个一":至少掌握一门乐器;至少参与一次艺术表演;至少参加一个艺术社团。

4. 小书迷课程以诵读类课程为主,包括读诵(经典诵读)、读演(语言艺术)、读享(阅读分享)、读行(阅读旅行),通过阅读分享、旅行阅读等活动,拓宽学生的阅读视野。

5. 小工匠课程包括小农夫课程和小裁缝课程。在落实劳动常规实践的基础上依托学校小农夫实践基地开发校本小农夫课程,开展劳动教育,让学生拥有劳动实践场所,体验劳动的快乐,掌握基本的劳动技能;同时鼓励校内校外相结合,在小工匠校本课程中引导学生充分参与。

(三)课程评价建议

1. 学习评价

(1) 对学习过程的评价

一是完善学生学习过程中的评价资料,如小组评价表、自评表、任务清单等,关注学生学习兴趣,完善相关评价量表;二是用好《成长记录册》,及时记录学生各方面的日常表现情况,自评与他评结合,尤其做好家校联动评价;三是依托"红棉少年"评选体系、"星有角电视台"展示栏目和其他评比活动,对学生进行德智体美劳综合评价。

(2) 对学习结果的评价

根据国家教学质量抽测、广州市智慧阳光评价和天河区教师发展中心统一组织的期末质量监测与学科抽测的数据,进行细致分析,跟进每个学生的发展。

2. 教学评价

(1) 从目标、内容、过程、状态、效果五个维度开展评价,为教师成长指明方向。推动教师从关注单一教学目标达成维度走向关注学习兴趣、学习态度、学业成绩、学习品质生成的多个维度,从关注教学过程走向关注学习历程,从育分走向育人。

(2) 设计针对我校课堂教学现状的观察量表,开展基于证据的课堂观察。引导老师们从诊断课堂的角度出发,分析课堂观察量表,改进教学行为,提升专业素养,促进课堂样态的转变。

3. 方案评价

（1）每学期开学初由各教研组审议通过学期课程纲要，在学科教研时间对大单元教学设计、作业设计、学历案等进行规范化探索，形成优秀文本模板。

（2）每学年审定一次校本课程，通过调查问卷、座谈会等方式收集相关信息，对校本课程的开展方向、资源配置、开发内容、教学方法、学习方式等进行有效调控，采取有效对策解决课程实施中存在的问题，完善课程建设。

四、保障措施

（一）组织保障

为了保障课程的顺利实施，学校建立了完善的课程管理组织架构，以校长为课程管理体系的总负责人，成立学校课程研发部、德育活动部、教学研究部和学生发展部，共同做好组织保障。

1. 课程研发部

以学校教学副校长为负责人。负责各学科课程总体规划和小红棉校本课程群的开发与迭代，统领各学科科长及教研团队，具体工作内容包括：制定课程规划、遴选校本课程、落实课程实施与评价、持续更新完善课程。

2. 德育活动部

以学校德育副校长为负责人。负责日常各项德育专题活动的策划和组织，具体工作内容包括：规划分年级德育活动主题、整合各类德育资源、开展德育活动。

3. 教学研究部

以学校教导处主任为负责人。负责落实国家课程的校本化实施，对地方课程和小红棉课程群的实施进行督导。具体工作内容包括：学校课表编排，学期课程纲要编制，单元学历案设计，课堂观测量表的研制，作业管理制度的制定与监测，作业设计、实施与管理的研究，课程实施情况的监督。

4. 学生发展部

以学校少先队大队部辅导员为负责人。负责日常各项德育专题活动的落实和评价，具体工作内容包括：制定各类"红棉少年"评比制度和规则，组织开展"红棉中队"评价活动，推选各类学生先进榜样。

（二）制度保障

继续优化和完善与课程改革相关的各项配套制度。如《先烈东小学备课管理制度》《先烈东小学作业布置与批改制度》《先烈东小学作业公示制度》《先烈东小学"红棉课堂"教学评价表》《校本课程开发与实施制度》《校本课程教师培训制度》等，面向全体老师征询意见并修改确定。

（三）资源保障

1. 教师资源保障。目前，学校共有教师67名，学历全部达标，其中在职在编教师43人，编外教师19人，校聘教师5人。虽然教师队伍平均年龄较大，但是教师团队团结齐心，有凝聚力，认真敬业。学校有高级教师4人，南粤优秀教师2人，省特级教师1人，广州市优秀教育工作者1人，感动广州最美教师1人，全国优秀班主任2人，广州市优秀班主任5人，广州市优秀教师2人。

学校对教师进行校本课程开发培训，提升教师的课程意识，开阔教学视野，推进教师的成长，使之成为合格的课程实施与建设者。大部分教师逐渐有了课程开发意识，部分教师努力在教学中引进资源，形成课程意识。

2. 家长资源保障。学校高度重视家校合作，充分发挥家长资源，打造父母学堂。在前期调查问卷中，54.1%的家长表示愿意为学校提供各种支持。尤其是在小农夫课程以及小裁缝课程的实施中，部分家长走进课堂，讲述"企业家的故事""服装演变的故事"，带学生实地了解"服装设计与制造"，了解"服装贸易"等。

3. 社区资源保障。学校充分挖掘校园周边丰富的社区教育资源，与课程相关的革命遗迹地点、艺术单位，以及沙河街道、先烈东横路社区、沙河服装市场管委会等结成教育共同体，与天河区图书馆、广州市文化馆开展"馆校合作"，开展进课堂、进校园活动。比如"小雏鹰"课程的"先烈路上寻先烈"等主题研学活动，体现的是与革命纪念馆的充分合作；比如在"小星星"课程的实施中，借助社区引进志愿者对学生进行个别辅导；比如"小裁缝"课程即是探索与沙河街道商会的合作。

4. 场馆资源保障。学校按照广东省标准化学校要求配齐配足专用场室和设施设备。学校有单独的音乐楼、天台劳动基地、室内羽毛球馆、室内游泳馆、两个美术专用室、两个科学室、一个电脑专用室、一个舞蹈室、一个书法室和一个心理辅导室，有学生专门的午休室等。学校场室充裕，设备齐全，为课程实施提供了扎实的基础保障。

（编者：郭文峰、屈瑛、肖彩芳、王阳阳、蔡佳玲）

找准课程高质量实施的关键抓手

学校课程实施方案是学校结合本校实际情况来落实国家课程方案和课程标准的整体规划,也是学校的育人蓝图,是学校课程领导力的直接体现。学校课程实施方案由规划的依据、课程计划及说明、课程实施与评价,以及实施保障几部分组成。其中课程实施与评价是针对学校特定情境,挖掘学校课程资源,规划学校课程与教学落地的重要举措。实施真正决定学校课程的质量,实施举措是否明确、可行、抓住关键,直接影响着学校课程质量。对课程实施与评价的规划,必须要吃透吃准课程方案和课程标准,在此基础上基于学校实际,充分挖掘学校各方面资源,找准适合本校教师和学生的课程实施策略和路径。

广州市天河区先烈东小学课程实施方案中的课程实施与评价充分体现了新课程新课标和"双减"的要求,充分挖掘学校各方面资源,抓住了学校课程高质量实施的关键举措。

一、基于课程标准,研制各学科学期课程纲要和设计大单元教学,落实核心素养。怎样让核心素养在课堂上落地,减少课程标准和课堂教学的"两张皮"距离?先烈东小学的举措是:通过研制学科课程纲要,设计大单元教学来落实每门课程的核心素养,从课标、学科课程纲要、单元教学设计到课堂一体化思考和设计教学,实现教学评一致性。

二、主抓课堂这个主阵地,推进育人方式变革,提高课堂教学质量。在学校多年探索的基础上,深化"以生为本"的理念,以学历案为载体,强调"真实情境、交流合作、思维发展"的课堂生态,充分发挥学生的主动性,打造具有学校特色的"'三动'红棉课堂"——课前"生动"、课中"主动"、课后"灵动",推进课堂教学提质增效。

三、推进高质量作业设计与实施,落实"双减"。强调学生在作业中的主体性,注重不同学生的作业需求;探索单元作业设计,注重作业与目标的匹配,提高作业的质量与有效性。

四、充分挖掘学校已有课程资源和优势,五育并举,为每个孩子的全面发展提供高质量的课程。在学校课程实施方案规划依据部分我们就看到,先烈东小学"一直保持着'体艺双飞'的传统特色",学校有4位毕业生成为羽毛球世界冠军;学校"'红色文化'特色鲜明",一直很重视德育。学校将体育、艺术课程与校本课程、社团活动等整合实施,让每个学生都有机会学习羽毛球,让每位学生都至少掌握一门乐器;在国家课程中有系统规划地渗透"立志教育"。

五、评价贯穿课程实施的全过程,涵盖课程实施的各方面,分别从学习评价、教学评价和方案评价三个方面进行规划。评价凸显了素养导向、与目标的一致性,对过程评价的重视,以及评价促进教与学的价值取向。

学校在整体规划学校课程时,找准课程高质量实施的关键抓手,引导老师们开展日常教育教学工作,聚焦核心素养,变革育人方式,立足学生全面发展,共同指向"身心向阳、品行向美、学习向上的'红棉少年'"的培养。

(点评:周文叶)

04

办生态学校 育生态学子

——广州市天河区长湴小学课程实施方案

为贯彻党的教育方针,落实立德树人根本任务,促进学生健康成长,为每个学生提供适合的教育,长湴小学根据《关于深化教育教学改革全面提高义务教育质量的意见》以及《义务教育课程方案(2022年版)》《关于进一步减轻义务教育阶段学生作业负担和校外培训负担的意见》《广东省义务教育阶段课程实施办法(试行)》等相关文件精神编写课程实施方案,通过"国家课程校本化实施"和"校本课程特色化建构",优化全体教师的育人理念和育人方式,提升学校办学质量,推进"生态教育"内涵式发展。

一、背景与依据

(一) 学校传统与优势

广州市天河区长湴小学创办于1932年,位于天河区城乡接合部长湴村内,是一所国家级绿色学校、广东省一级学校、广州市特色学校。学校在90多年的办学经验中,历经劳动教育、科技教育、环境教育,于2013年提炼出"生态教育"的办学特色,形成"犁土成园,植木成荫"的办学理念。

(二) 课程发展经验与基础

对学校课程的发展现状进行SWOT分析(包括教师、学生、家长、社区问卷以及代表访谈),得到与学校课程有关的环境、管理、师资、生源质量、资源等基本情况,具体如下所述。

1. 环境优美,设施齐全

学校占地面积21940平方米,绿化面积达50%,有500多种常见植物及90多种珍稀植物。学校拥有电脑室、多媒体教室、美术室、科学室等专用教室,全部教室均安装了多媒体平台,能有效满足学生成长及学校课程开发的需求。

2. 学校管理分工明确

学校组织机构设置完整,制度健全并能得到落实。学校设置了课程组统领课程建设,但职责有待进一步明确,课程的精细化管理有待进一步提升。

3. 师资优良

师资队伍结构合理,教师的专业素养水平比较平均,但缺少学科带头人。教师对课程理念的认可度高,但部分教师主动开发课程的意愿不强烈,缺乏课程创新方面的动力。

4. 学生差异性大

学校的生源构成为地段生(含长𣲾村村民子弟)占84%,外来务工人员子弟占13%,周边科研院所子弟占3%。调查发现,家长的育儿观念差异大;学生的学习兴趣浓厚,活动能力强,但学习习惯、学习能力差异较大,创造能力还有待提高。

5. 学校周边自然环境优美,科技、人文教育资源充足

学校毗邻长𣲾公园、华南植物园、火炉山森林公园,地段范围内有广州有色金属研究院、中国科学院广州化学研究所、中国科学院华南植物研究所等十所科研院所,还有广州体育职业技术学院、广州市银河烈士陵园。

在新的教育形势下,如何进一步传承和发展学校生态教育的特色,明晰课程目标,完善课程体系,优化课程结构,激发学校活力,培育学校文化,实现学生身心和谐发展,促进学生与自我、与自然、与社会和谐相处,成为学校现实发展的迫切需求。

(三) 学生与社区课程需求

第一,通过调查,我们发现最受学生欢迎的是"生态研究"课程(满意度达85%以上),绝大部分学生更喜欢有趣的、可展示的活动类课程。

第二,社区期待学校开设以体验、合作为主的课程,能引导学生在生活中学习,在实践中学习,让学生主动参与社会生活,并服务社会。

(四) 学校教育哲学

1. 学校愿景

学校秉承"犁土成园,植木成荫"的办学理念,通过学校共同体成员的努力,把学校办成一所能实现教师与学生共同成长,师生与自我、与自然、与社会和谐相处的可持续发展的学校。

2. 学校使命

为了实现上述愿景,传承学校"生态教育"的办学特色,着眼于新时代"优质均衡"的发展要求,学校团队成员经协商,决定履行以下使命:

(1) 建构适合学生与自我、与自然、与社会和谐相处的课程体系;

(2) 以"教学评一致"的课堂教学发展学生的核心素养;

(3) 提升教师的课程开发与实施能力,培养"勤耕沃土,善育良才"的教师团队,提高教师专业水平;

(4) 进一步优化校园环境,使之作为课程资源,满足学生发展需求。

3. 毕业生形象

《义务教育课程方案(2022年版)》指出,义务教育要"培养有理想、有本领、有担当的时代新人,培养德智体美劳全面发展的社会主义建设者和接班人"。学校结合实际,以"与自我、与自然、与社会和谐相处"为价值追求,确立"乐成长、求真知、勇担当"的生态学子为毕业生形象。

乐成长:热爱生命,健康自信;尊重差异,悦纳自己;自尊自律,向美向上;

求真知:主动探究,勤思实学;遵循规律,融合创新;尊重自然,保护自然;

勇担当:明辨是非,遵守规则;举止文明,团结合作;服务他人,善于作为。

二、学校课程计划及说明

(一) 课程设置

长湴小学课程包括国家课程、地方课程与校本课程。国家课程包括道德与法治、语文、数学、英语、科学、体育与健康、艺术、信息科技、劳动和综合实践活动。地方课程包括地方综合课程、生涯规划和创新教育三门课程。校本课程包括"个人成长""生态探究"和"社会理解"三个课程群,以培养"乐成长、求真知、勇担当"的生态学子。如图4-1所示,在三个课程群中,"个人成长"课程群包含"你好,长湴小学""和自己对话""我的理想""情绪'万花筒'"4门课程,"生态探究"课程群包含"校园生态再造""自然观察""气候变化""生态系统"4门课程,"社会理解"课程群包含"公民教育""低碳生活"2门课程。

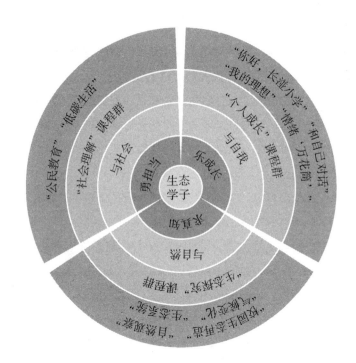

图 4-1　长浔小学校本课程结构图

(二) 学校课程计划

表 4-1　长浔小学课程安排表

科目/课程	各年级周课时					
	一	二	三	四	五	六
道德与法治	2	2	2	2	3	3
语文	9	8	7	7	6	6
数学	3	4	4	5	5	5
英语			3	3	3	3
科学	1	1	2	2	2	2
体育与健康	4	4	3	3	3	3
艺术	4	4	3	3	3	3
信息科技			1	1	1	1

续表

科目/课程	各年级周课时					
	一	二	三	四	五	六
劳动	3	3	5	4	4	4
综合实践活动						
"个人成长"课程群/"生态探究"课程群/"社会理解"课程群						
周课时总量	26	26	30	30	30	30

(三)课程安排说明

1. 此计划会按照广州市教育局的最新要求作相应的调整。

2. 每课时40分钟。

3. 劳动、综合实践活动、班队活动、地方课程与校本课程通过"个人成长""生态探究""社会理解"三个课程群整合实施,课时统筹使用。其中,自然观察课程是综合实践活动的具体实施方式,校园生态再造课程是劳动的具体实施方式。这两门课程是所有学生必修的,每周各1课时。

4. 一至二年级开设英语课程,纳入校本课程课时统筹管理。

5. 有效利用课后服务时间,创造条件开展体育锻炼、艺术活动、科学探究、劳动与研学实践等兴趣活动。

表4-2 长湴小学校本课程课时安排表

类别	科目	年级	课时安排	说明
"个人成长"课程群	你好,长湴小学	一、二	15	在每学年第一学期和道德与法治整合实施。
	和自己对话	三至六	15	在每学年第一学期周三下午第一节课实施。
	我的理想	五、六	15	
	情绪"万花筒"	一至六	15	
"生态探究"课程群	校园生态再造	一至五	15	与劳动、综合实践活动整合实施,每周一课时。
		六	15	
	自然观察	三、四	15	
	生态系统	四至六	15	

续表

类别	科目	年级	课时安排	说明
"社会理解"课程群	气候变化	五、六	15	在每学年第二学期周三下午第一节课实施。
	公民教育	一至六	15	
	低碳生活	一至六	15	

三、课程实施与评价建议

为改变学生被动接受的教学现状，倡导学生主动参与、乐于探究、勤于动手，学校制定以下课程实施计划。

(一) 有效实施国家课程

1. 引导教师从课程的视角审视自己的教学

以课程核心素养为指引，以课程标准为指导，开展基于核心素养的教学与评价，组织教师编写学期课程纲要，编写基于课程标准的单元学历案，提高教学质量。

2. 开展"教学评一致"的教学实践探索

设计时，保证教学目标、学习任务与评价之间的内在一致性。实施时，以目标为指向，注重运用与目标相一致的评价工具检测学生的任务达成情况。

3. 探索跨学科主题学习

各门课程用不少于10%的课时设计跨学科主题学习，助推学生核心素养的形成。以项目为载体，发挥合作育人功能，围绕"我为植物发声""百年荔枝树"等项目进行跨学科主题学习。

4. 推动劳动课程校本化实施

以《义务教育劳动课程标准(2022年版)》为依据，依托家长、社区资源，围绕日常生活劳动、生产劳动和服务性劳动，根据任务群安排，开发基于生态教育校本特色的劳动项目，培养学生的劳动观念、劳动能力、劳动习惯和品质、劳动精神。

(二) 合理开发校本课程

1. 加强学生选课指导

将原先零散的课时安排按课程设计的要求重新编排，增加激发学生学习兴趣的内容；结合学生需求分析，进行选课指导。

2. 健全教师开发机制

教师自主开发的课程,经过"课程申报→课程审核→课程推出→过程记录→流程监管→成果展示→课程评选"等环节,最终由学校课程部确定,由教师负责具体实施。

3. 整合课程建设资源

积极利用校内外资源,为每位学生提供多样化、可选择的适合课程,尊重学生个性差异,促进学生多元发展。结合长湴社区的革命传统文化,传承社区文化特色;聘请家长讲师授课,培养学生的生活技能,丰富其社会知识;与中国科学院华南植物研究所、中国科学院广州能源研究所、广东省科学院生态环境与土壤研究所等周边科研院所多方联合,共同创设"生态探究"课程群,彰显学校特色;借助广州体育职业技术学院、广州市民兵预备役训练基地的专家和场地资源,拓展课程的深度与广度。

(三) 课程评价建议

学校基于课程标准,遵循学生的身心发展规律,强化素养导向,坚持过程性评价和终结性评价相结合,探索增值评价,构建多元评价体系。

1. 学习评价

坚持以评价促进学习的理念,注重提高学生自我评价、自我反思的能力,引导学生合理运用评价结果,改进学习。

国家课程的学习评价:学科教师依据课程标准和不同年段学生身心发展规律确定评价指标,注重动手操作、作品展示、口头报告等多种方式的综合运用,捕捉学生有价值的表现,通过自评、小组评、家长评、教师评,形成过程性评价,给予相应的等级;在学期末,一、二年级通过创设游戏、游园、主题探究等活动形成终结性评价,三到六年级通过纸笔测试形成终结性评价。学期末汇总后,各学科按照学科标准进行综合等级评定。

校本课程的学习评价:授课教师依据课程本身的特点和学生对课程的参与度确定评价指标,根据课程实际,采用自评、小组评和教师评的方式,对学生完成任务或作品的过程表现、完成率、完成情况等内容进行评价,学期末汇总评定综合等级。

2. 教学评价

国家课程的教学评价:由"课堂教学""作业设计""问卷调查"和"质量监测"四部分构成。通过年级视导、科组研修、教学比赛等方式完成课堂教学评价,旨在提升学生学科核心素养,包含学生立场、学习目标、评价任务、学习过程、学后反思、教学评一致性六个维度;通过作业评比和展示完成作业设计评价,包含内容、取向、难度、数量四个维度;通过学期末开展社区、家长和学生问卷调查,了解社区和家庭对课程开展的满意度和建议;结合广州市阳光学业评价数据和天河区教育质量监测结果综合评估教师的阶段性教学效果。

校本课程的教学评价:由"实施过程评价""家长和学生满意度评价"两部分构成。"实施过程评价",即由课程组在学期内定期进行教学过程检查,及时发现和纠正问题;"家长和学生满意度评价",即在学期末开展针对家长和学生的课程满意度调查。

3. 课程方案评价

课程纲要的评价:每学期初,课程发展委员会针对各个项目组制定的学期课程纲要,从课程目标、课程内容、课程实施、课程评价四个维度进行评价。

学历案的评价:由教导处负责,通过研讨课、年级视导课、教学比赛、常规检查等活动,从学生立场、基于课标、"教学评一致"和格式要求四个方面进行评价。

四、保障措施

(一) 组织保障

1. 成立学校课程发展委员会

成立以校长为组长,由课程组、教导处、教研组、教师代表、学生代表及社区代表,课程专家等组成的学校课程发展委员会,对学校课程的构建、课程的开发、课程的管理与评价等方面进行规划、设计和实施。

2. 明确职责与任务

课程组,负责课程的顶层设计,制定课程规划方案,完善校本课程的开发与申报制度,审核校本课程纲要,落实校本课程的实施、审议及评价。

• 教导处,负责统筹国家课程、地方课程的实施,落实课程计划,指导和审核学科课程纲要,组织课程培训和课程考核。

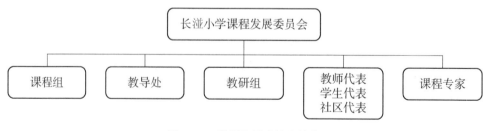

图 4-2 课程发展委员会结构

教研组,组织编制和落实课程纲要及学历案,提升课程实施质量。

教师代表、学生代表、社区代表,参与课程的审议、评价,盘活课程资源。

课程专家,提供课程咨询、课程培训,指导课程建设。

(二) 制度保障

1. 实行分工负责制

由校长将课程发展规划中的具体目标和主要工作进行分解,并落实到各部门,实行专人负责。要求相关部门制定年度实施计划,完善考核、奖惩制度。

2. 完善学校教研制度

每学期分阶段、定主题,开展"教学评一致"的年级视导行动,关注课堂生成问题,立足学生立场理念,强调教育叙事研究,倡导学习共同体合作,定期进行汇总分析,提高教研活动的有效性。

3. 建立学习与分享制度

利用"青青读书会""学习共同体"等多种形式,鼓励教师加强阅读学习。通过安排不同层次、不同类型的学习机会,促使教师参与专业探讨,进行团队分享等。合理规划教学时间,在教师的工作时间中适当留白,为教师专业提升提供足够的时间、空间,建立教师知识交流的信息平台。

4. 加强后勤管理制度

为课程发展与规划、教师教育教学活动提供优质服务。

(三) 资源保障

1. 组织教师进行专题培训

组织教师积极参加课程研究方面的专题培训,鼓励教师进行高层次的学历进修,开展形式多样的"教研训"一体化培训。以专家引导、同伴互助、自我反思为主要途径,逐步提高教师的专业理论水平,提升教师的专业知识和技能水平,发展其课程研究能力。鼓励教师制定个人发展规划,提升自我发展意识。

2. 家校合作资源共享,拓宽视野合力育人

学校周边生态、科技教育资源充足,学校可充分利用这些资源,为学生提供实践活动场所。

加强家长对学校课程的了解,落实家长对学校教育教学活动的知情权、参与权、评议权和监督权。成立"家长义工团",促使家长广泛参与到学校各项课程中。

(1) 活动组织:协助学校交通管理,参与和协助学校举办的各种大型活动等。

（2）爱心互助：经学校同意，组织学生开展献爱心活动，如给福利院、老人院送温暖，组织募捐等。

（3）家长课堂：积极开发学校家长资源及社会上的教育资源，使其进校园、入课堂，同时也利用校内有能力的教师对学生或教师进行授课。智慧的互相碰撞、情感的互相引发、心灵的互相交融，使学生产生浓厚的学习兴趣和强劲的学习动力。

3. 聘请校外辅导员参与课程建设与实施

学校充分挖掘周边科研院所的专家资源，积极邀请专家进校，合作研发"生态探究"课程。

附件：

长湴小学课程发展 SWOT 分析

分析项	优势	劣势	机遇	挑战
地理人文环境	1. 环境优美，毗邻华南植物园，自然资源丰富，有丰富的乡土教学和劳动教育素材。 2. 教学设施齐全，拥有电脑室、多媒体教室、舞蹈室、美术室、科技活动室、音乐室等专用教室，全部教室都安装了多媒体平台。	1. 地理位置较偏僻。 2. 学生家长的层次、素质差别较大，对教学进度的把握和家校工作的顺利开展有一定影响。 3. 学校现代化教学设施较陈旧，急需更新换代。	1. 毗邻诸多科研院所和高校，开展科技类项目有独特优势。 2. 周边的共建单位和居民比较支持学校工作，上级单位关注学校发展，为学校教育与社会的良好结合奠定了基础。	周边道路车流量大，学生上下学安全维护不易。地处城乡接合部，人口流失率高，安全意识不易树立和保持。
学校课程框架	学校按市教育局要求，开足开齐各类课程。	课程框架不能非常明晰地体现学校课程特色，需要不断优化。	由华东师范大学课程与教学研究所引领的天河区基础教育课程与教学质量提升项目"种子学校"的建设，为学校重新梳理课程框架提供了良好的契机。	近年来，其他学校课程建设速度快、质量高，不少学校搭建了清晰的课程框架，同时形成了自己的课程特色。

续表

分析项	优势	劣势	机遇	挑战
学校课程管理	本校师生对学校愿景的认同度高,学校专门设置了课程领导小组统领学校的课程建设。	学校各部门管理课程的职责有待进一步明确,课程的精细化管理落实有待进一步提升。	以组建学校"华东师大项目学习共同体"为契机,落实基于课程标准的教学与评价。通过项目的实施完善学校课程的管理。	中层干部新老交替,管理机构设置迎来新的调整,需要磨合与沟通。
教师课程执行	师资队伍结构合理,教师专业素养普遍较高,教师群体对课程理念认可度高。	1. 针对教师开展的课程专题培训还跟不上教师课程执行的速度。 2. 部分教师主动开发课程的意愿不强烈。	学校拟通过课题研究、项目引领来增强教师的课程意识,强化教师的课程执行力,激发教师主动开发课程的积极性。	教师职业的特殊性,易引起中老年教师的职业倦怠。部分教师缺少课程创新等方面的动力。
学生课程执行	学校开设的各类课程较丰富,学生的学习兴趣浓厚,活动能力强。	1. 学生的学习习惯、学习能力差异较大。 2. 课程设置的体验性和个性化不强。 3. 国家课程中各学科发展存在不均衡情况。	基于课程标准,课程要更关注教学评一致性。课程设置将更关注如何满足学生个性化成长的需求。	1. 中、高年段有应对区抽测的学业评价压力。 2. 信息渠道扩展带来的多元化价值观与传统的书本知识传授法存在冲突。
学校课程资源	社会提供的课程资源日益丰富,学校与周边科研院所的课程资源共建共享。	在社会资源方面,对课程师资缺乏相应的规范化管理。	共建单位可提供课程资源支持,有部分家长志愿者愿意加入课程的建设。	1. 课程的开发面临课程特色不够突出的问题。 2. 课程资源的利用受时间、空间、经费等因素的限制。

(编者:杜碧红、赖素梅、张志科、丁艳)

广州市天河区长湴小学课程实施方案点评

长湴小学课程方案的编制以国家教育政策为引领,各因素与国家教育政策和国家课程方案相一致,不仅体现了国家意志,也体现了学校办学思想和办学追求,具有科学性、时代性,体现"课程育人"理念,具有完善的保障机制,结构系统、完整。具体而言,其主要特色如下所述。

1. 背景依据分析全面到位

该方案能够全面阐释学校的办学传统与优势,并基于SWOT分析全面展现学校的环境与管理状况以及现有的课程建设基础,持守"生态教育"的办学特色,坚持"犁土成园,植木成荫"的办学理念和价值追求,确定了清晰的育人目标——培养"'乐成长、求真知、勇担当'的生态学子"。育人目标的分解思路清楚,彰显促进学生与自我、与自然、与社会和谐相处的价值追求。

2. 课程结构合理,特色鲜明

该方案严格遵循教育部《义务教育课程方案(2022年版)》落实三级课程设置,开足开全国家课程,依照《广东省义务教育课程设置表》等文件开设地方课程,并在此基础上,从学校育人目标出发,结合学校优势,整合学校资源构建校本课程体系,建立"个人成长""生态探究""社会理解"三大课程群,彰显学校生态教育特色,满足学生个性化发展需求,促进学生全面发展。此外,"5+2"课后服务方案,能够很好地落实"双减"政策的基本精神,满足学生课后多样化、层次性的需求。

3. 课程实施要点突出,课程评价针对性强

该方案面向国家、地方、校本三级课程确立了课程实施建议。面向国家课程,提出以课程标准为指导,创建学期课程纲要、学历案等不同层级课程文本,推进课程专业化实施,落实"教学评一致",以项目为载体推进跨学科主题学习,构建校本化劳动清单;面向地方课程与校本课程,强化课程资源的整合以及课程的规范化管理。课程评价上能兼顾学习评价、教学评价与课程方案评价,利用多元的评价方法与科学的评价工具促进课程的科学化及师生的持续发展。

4. 课程保障全面到位

为推进该方案的落地,学校提供了完整系统的保障体系与机制,主要表现为成立学校课程发展委员会,明确了课程组,教导处,教研组,教师代表、学生代表、社区代表,及课程专家等的职责与任务,形成了具有审议特征的课程组织保障;推进教研、后勤、管理等各项制度的建设;推进课程资源建设,通过教师专题培训提升教师专业胜任力,促进家校社合作以挖掘课程资源,丰富学生课程学习实践。

(点评:张薇、安桂清)

05

弘伟人愿　立少年志

——广州市天河区岑村小学课程实施方案

为贯彻党的全面发展教育方针和习近平总书记关于教育的系列论述指示与批示精神,以及党中央、国务院关于教育工作的系列文件要求,落实立德树人根本任务,岑村小学依据教育部颁发的《义务教育课程方案(2022年版)》和《广东省义务教育阶段课程实施办法(试行)》编写本校课程实施方案,以此指导学校结合实际情况进行课程建设,顺利开展教育教学活动。

一、背景与依据

(一) 学校传统与优势

1. 学校传统

广州市天河区岑村小学于1947年由知名爱国人士黄麟书先生创办,其校舍原是黄氏宗祠。1972年,周恩来总理视察岑村时与师生一同做广播体操,并给学校留下殷殷寄语。学校充分挖掘此历史事件的教育意义,以史为基,确立"启人有志""导人立志""引人明志"的学段三进阶,采取立志班会课、"志存高远"课程群的立体化实施路径,志在培养有理想、有本领、有担当的时代新人。

2. SWOT分析

学校占地面积17 506平方米,校舍建筑面积5 200平方米,绿化覆盖率51.4%。学校现有18个教学班、774名学生和44名教师。基于学校情况,现从课程资源、硬件设施、学生状况等方面做SWOT分析,如表5-1所示。

表 5-1 岑村小学课程发展的 SWOT 分析

优势(S)	劣势(W)
1. 课程资源方面,丰富的省、市、社区资源为学校的课程建设提供了坚实的基础,优秀的师资力量为课程的顺利开设和实施提供了有力的保障。 2. 学校空间大,设施设备条件过硬,功能型教室齐全,有利于开展拓展型、探究型课程。 3. 学校初步为课程信息化实践运作营造了数字化的教学环境。 4. 大部分家长支持学校工作,如 92.42% 的家长支持学校开设校本课程。	1. 尚未建立完整的课程体系,课程门类不能完全满足学生需求。 2. 设施设备的信息化功能有限,无法完全满足多样的教学需求。 3. 部分教师的课程观念需要进一步提升,且教师运用信息化技术的能力需进一步提高。 4. 部分学生缺乏自信,不善于表达。有 30% 的学生的学习能力和学习动机较弱,亟待提升。
机遇(O)	挑战(T)
1. 持续推进学校课程建设三年行动计划,参与华东师范大学课程质量提升工程"种子学校"计划,并得到天河区华阳集团的大力支持。 2. 区政府、区教育局信息办全方位支持学校课程建设。 3. 推进校园数字化学习环境建设的空间和潜力很大。	1. 学生间差异较大,部分学生的学习能力很弱,这对开设个性化、差异化的课程提出了较高的要求。 2. 亟须开展有针对性、持续性的新老教师培训工作,从而革新教师的教学观念,提升其教学能力。 3. 设施设备的信息化功能有限,未能做到多功能和全覆盖,还有较大的提升空间。 4. 随着课程网络平台的日益普及,需要进一步加强学校的课程平台建设。

从表 5-1 的分析可见,在课程资源方面,省、市、社区为学校的课程建设提供了有力的资源保障,但学校尚未建立完整的课程体系。学校校舍宽敞,设施设备条件较好,功能型教室齐全,数字化学习环境日益完善,且信息化水平稳步提升,这些优势都为学校的进一步发展提供了坚实的基础。与此同时,学校也面临诸多挑战。第一,学校生源以岑村子弟和外来入户广州市的生源为主,学生间差异较大,有 30% 的学生的学习基础较好,30% 的学生的学习能力较弱,且缺乏学习内驱力。第二,在师资方面,教师平均年龄较大,达到了 41 岁,且部分教师的教学观念不够与时俱进。本方案的制定有助于进一步发挥本校优势,补齐短板,推动学校课程建设工作的开展及教学工作的实施。

(二) 学生课程需求

本校学生对学校开设的课程认可度较高,对体育、科技类活动有浓厚的兴趣。基于学生的课程兴趣,学校将在承袭原来课程设置的基础上,进一步开发学生感兴趣的各类课程,以满足学生的发展需求。

(三) 愿景、使命与毕业生形象

1. 学校愿景

根据历史背景,学校确立了"弘伟人愿,立少年志"的办学理念,努力把学校打造成为生机勃勃、书香浓郁、师生孜孜进取的区域品牌学校。

2. 学校使命

第一,构建完善的学校课程体系,丰富课程内涵。

第二,以"教学评一致"为突破口,创设新型教与学模式,打造有"岑小"特色的新课堂。

第三,以提升教师课程领导力为抓手,构建教师学习成长共同体。

第四,完善学校评价体系,促进师生共同发展。

3. 毕业生形象

基于国家培养目标,学校秉承"弘伟人愿,立少年志"的办学理念,紧扣"弘志岑小"的办学目标,将毕业生形象确定为"弘志"少年,其具体内涵如图5-1所示。

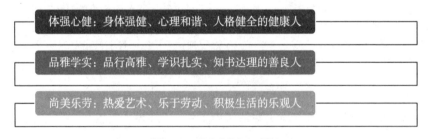

图5-1 "弘志"少年内涵

针对"弘志"少年的培养,学校紧密围绕国家培养目标,并根据各学段学生的认知水平、实践能力设置相应的学习内容,在实践过程中选用适宜的实现途径和培养方法。三个学段的目标总体上呈现由浅入深、螺旋上升的态势(详见附件)。

二、学校课程计划及说明

(一)课程基本结构

学校以培养体强心健、品雅学实、尚美乐劳的"弘志"少年作为课程发展目标,设置了国家课程、地方课程与校本课程。国家课程包括道德与法治、语文、数学、英语、科学、体育与健康、艺术、信息科技、劳动、综合实践活动等;地方课程包括地方综合课程、生涯规划和创新教育,与校本课程整合实施。校本课程设置了"志存高远"课程群,涵盖"志承经典""志行足下""志趣飞扬"三部分。在课程安排上,开足开齐开好国家课程,并自主开发"志存高远"课程群。

(二)课程计划与教学安排

根据国家及广东省安排建议,学校制定了课程安排表,如表5-2所示:

表5-2 岑村小学课程安排表

科目/课程	各年级周课时					
	一	二	三	四	五	六
道德与法治	2	2	2	2	3	3
语文	9	8	7	7	6	6
数学	3	4	4	5	5	5
英语			3	3	3	3
科学	1	1	2	2	2	2
体育与健康	4	4	3	3	3	3
艺术	4	4	3	3	3	3
信息科技			1	1	1	1
劳动、综合实践活动、班队活动、英语口语、人工智能、心理健康教育、"志存高远"课程群("志承经典"课程、"志行足下"课程和"志趣飞扬"课程)	3	3	5	4	4	4
周课时总量	26	26	30	30	30	30
课后服务	每天基本上托管1节课,17:00—18:30为个性拓展服务时间					

(三)课程安排说明

1. 此计划会按照广州市教育局的最新要求作相应的调整。

2. 每学年上课时间按 35 周计算,每课时 40 分钟。

3. 语文:三至六年级每周安排 1 课时开设书法课。

4. 体育与健康:一、二年级每周 4 课时;三至六年级每周 3 课时。每天大课间活动 30 分钟,没有体育课的当天安排 30 分钟的阳光体育活动,保证学生每天 1 小时的体育锻炼时间。

5. 劳动、综合实践活动、班队活动、英语口语、人工智能、心理健康教育和"志存高远"课程群整合实施,纳入校本课程和地方课程课时统筹管理。

6. 专题教育以渗透为主,融合到相关科目中,不再单独设课。

三、课程实施与评价建议

本校课程以德育为先、协同育人、实事求是、科研引领为原则,坚持五育并举,重视国家课程,整合实施地方和校本课程,促进学生有个性地全面发展。

(一)编制课程纲要作引领

以"学校课程与教学质量提升项目"为任务驱动,全学科推进课程纲要的编制。以学科备课组为单位研读教材和学科课程标准,把握学科知识体系,从前记、目标、内容、实施、评价等五个方面编制各学科的学期课程纲要,并汇编成《岑村小学课程纲要》,作为课程实施的行动指南,促进课程目标的落实。

(二)深化教学改革促教学

积极完善校本教研活动制度,深化教学改革,打造"弘志课堂"教学特色。

1. 常规性教学改革

在教案改革的背景下,推进学历案的撰写与运用。在国家课程、地方课程及校本课程的备课实施中,着力改革常规校本化备课模式,深入研究单元、主题的整体设计。学科教研组以"单元、主题整体设计"为切入点,开展主题研讨,从整体出发,统筹安排,设计合理的单元整体教学模块,注重教学过程的阶段性、连续性、渐进性,关注学生在单元、主题中整体获得的核心素养。

2. 探索性教学改革

开展多元化的校本教研,加强"弘志课堂"的探索性教学改革。以专家引领、全员主讲、榜样辐射相结合的方式,以素养为导向,探索教学评一致的"弘志课堂"的实施框架、路径和方法,加强设计研究,开展基于核心素养的课堂教学,提高教学质量和育人效果。开展基于小学立志教育的校本实践研究,建立小学立志教育目标体系,结合学校实际,探索小学生"启志—明志—持志"的实践途径,探讨小学立志教育班会课的有效性。根据小学低、中、高三个学段学生的思维特点和学校的校史、校情,设计有衔接性的立志教育内容,引导学生过有目标的教育生活,形成学校立志教育校本资源。

3. 整合推进国家课程、校本课程

（1）国家课程校本化

在保证常规教学的基本教学质量的前提下,各学科开展校本特色学习活动。具体而言,语文课推行"我爱书法和吟诵"活动,科学课开发"小实验、小发明、小创造"三小探究性活动,艺术课重点打造"6年掌握一门艺术技艺",体育课优先发展"弘志棒球"和田径项目,劳动课深度开发"四季田园"校本资源,英语课重点开展主题阅读活动,数学课实施"数学讲题小能手"活动等。

重视课程整合,确保各学科有不少于10%的课时用于跨学科主题学习。基于育人目标,结合学校周边环境,渗透人与自然和谐共生的生态理念,创设以"山·园"为大主题的跨学科综合学习实践。"山"指学校附近的火炉山,"园"指校园、华南植物园等,充分发掘"一山多园"的教学资源,开展具有自然气息的系列活动,如"绿之韵""花之歌""石之语"等,倡导运用多学科知识解决学习过程中的问题,推进不同学科知识和方法的交流与碰撞,从而促进学生多方面的发展,培养学生的创新能力。

（2）校本课程系列化

校本课程"志存高远"课程群涵盖"志承经典""志行足下""志趣飞扬"三个部分。

"志承经典"课程秉承"以读写提升内涵,以经典厚实底蕴"的理念。课程内容包括《天河区岑村小学诗词吟诵选本》《中华吟诵读本:少儿歌诗30首(上、下册)》《部编版小学古诗词普通话、粤语双语吟诵学本》《幼学琼林》等,旨在教化学生心灵,养成君子之风,通过"口诵经典、手书我诵"的方式,以吟诵考级和书法考级活动促进学生学习,实现"读、写、诵"的融会贯通。

"志行足下"课程秉承"以习惯锻造品行"的理念。课程内容包括习惯养成和志存高远两个系列。该课程旨在引导学生通过班会课学习伟人谦逊恭谨、勤勉刻苦、重言敏行的高尚品质,在活动中培养学生讲文明、守规则、勇担当、能自立、乐助人、爱生命等相关能力和素养,助力学生树立远大志向,培养良好行为习惯。

"志趣飞扬"课程秉承"以韵律强健身心"的体艺教育理念,开设丰富多彩的体艺和科技活动。课程内容包括棒球、武术、吟诵朗诵、科技活动、舞蹈、纸艺、合唱等。该课程旨在鼓励学生自主活动,培养个性特长,并进一步发展审美能力、运动能力和科技能力。

(三)优化作业设计提质量

作业设计是本校提升教育教学质量的重要抓手。通过开展以单元作业设计为主题的校本研讨活动,提升教师单元主题作业设计与实施的能力;以单元主题作业设计为舵手引领常规性作业设计,并在常规性作业设计中适当增加探究性、实践性和以项目式学习为载体的多种作业形式,落实"教学评一致"的研究与实施。单元主题作业的设计,将遵循以下几个原则:

第一,目标性原则。作业设计以新修订的义务教育课程标准中的相关要求为依托,指向学业质量标准。

第二,整体性原则。从单元的总目标出发,设计单元内每个课时的作业,既包括有助于巩固、完善本课时所学知识的题目,也包括需要综合运用单元知识解决真实情境中的问题的题目。

第三,适度性原则。提高作业设计质量,适时、适量地布置作业,让作业量保持在合理的范围内,不过多增加学生的学业负担。

第四,选择性原则。因为学生的能力水平和已有基础不同,部分作业不应要求所有学生按照同一标准完成,可以设置有梯级的选做题,鼓励学生选择适合自身程度的作业等级。

第五,实践性原则。须在实践中不断改善作业设计,并根据学生的实际完成情况不断调整作业设计,以动态的理念优化和完善作业设计。

第六,个性化原则。结合学校"弘志课堂"特色,每个教研组每学期至少设计一项探索性作业,结合教科研加强对作业设计的研究,不断提高作业设计质量。除此之外,学校还将把社团或兴趣小组的实践性作业纳入作业管理范畴,实现课内课外协同减负提质的目标。

(四)落实课后服务养兴趣

认真贯彻落实《关于进一步减轻义务教育阶段学生作业负担和校外培训负担的意见》《教育部办公厅关于进一步做好义务教育课后服务工作的通知》和教育部"五项管理"等政策精神,做好、做强校内课堂主阵地,并结合本校办学特色、毕业生形象、学生学习和成长需求,开展丰富多彩的科技、文体、艺术、劳动、阅读等领域的兴趣小组及社团活动。利用基本托管时段开展个性化作业辅导,助力教学质量的提升。结合学校特色,做强、做实符合毕业生形象的各类社团活动。加强对课后服务的动态监测和实时反馈。

(五) 建立评价体系助发展

建立有效的课程评价体系有助于课程的实施与完善。为更好地发挥评价对学习的促进作用,本校采取形成性评价与终结性评价相结合的新型评价模式。

1. 学习评价

学习评价主要针对学生在课程学习中的学习效果,分为过程性评价与阶段性评价。

过程性评价的实施体现了评价的全面性与发展性。全面性是指既关注学生学习结果,又关注学习过程中学生的参与度与效果。发展性是指遵循学生发展规律,对学生的发展情况进行动态评价。本校的过程性评价主要有两个实现路径:一是品德发展评价,根据中共中央、国务院印发的《深化新时代教育评价改革总体方案》要求,对学生的思想道德、心理素质和行为习惯等方面进行评价;二是学生学习效果评价,以日常参与、课堂观测、学历案、实验操作、课后作业等方式开展学生学习情况的即时性评价。基于信息技术,建立"一生一档案",记录每位学生德、智、体、美、劳各维度的过程性学习表现数据,以及自我评价和反思数据、教师指导和评价数据,生成"五育报告"。

阶段性评价主要通过定期交流、主题演讲、成果展示、学生述评等方式展开。在学期中段,根据广州市阳光学业评价数据和天河区教育质量监测结果对学校相对薄弱的学科进行对点跟踪,采取纸笔课堂练习、问卷及个别访谈的方式了解学生学业情况,同时召开相应的教师座谈会进行分析并提出诊断意见。

2. 教学评价

制定《广州市天河区岑村小学课堂教学评价表》,以此评价教师在教学过程中是否按照新课标的要求设置教学目标,教学过程是否符合新课标中有关教学改革的要求,教学效果是否指向核心素养的培育与发展。通过教师反思、教师互评、教研人员评价、学生评价等方式开展形式多样、主体多元的教学评价。

3. 方案评价

方案评价的目的在于对课程开发和实施情况进行周期性分析,促进课程方案的优化,推动课程与教学的不断革新。

从科学性、操作性、整体性三个角度对学期课程纲要进行评价。科学性是指课程纲要的要件完整,且要件和内容具有匹配性和内在一致性。操作性是指课程纲要中相关要求表述清晰,可操作性强。整体性是指课程纲要有助于加强学科课程、主题教育活动之间的协调和衔接,有助于协调学科课程中基础性与发展性、统一性与选择性等方面的关系。

教案(或学历案)的评价将从学习目标、评价任务、学习活动、教学方式、作业与检测、学习管理与效果、教学评一致七个维度进行。评价时采用《广州市天河区岑村小学课堂教学评价表》,从观念、内容、行为、时间四个方面完成评价,并根据评价标准确认优秀、良好、一般、较差等四个等次。

四、管理与保障

为确保本校课程的顺利实施,学校将从以下几个方面提供保障。

(一) 组织与制度保障

1. 组织保障

建立学校课程领导委员会。委员会聘请专家担任顾问,校长担任组长,学校行政、教师代表、学生代表、家长代表、社区人士等各方力量担任组员,主要负责修改学校已有的章程,完善和制定与课程改革相关的配套制度和机制,负责课程规划、审议、评价、监督等。

组建课程实施的核心团队。在课程实施方面,教学副校长、教务处主任、各教研组长、各学科骨干教师组成"教学评一致"的课程实施的核心团队,负责研究"教学评一致"的课堂教学。教导处负责针对教师的教学评价,定期对课程教学进行指导、测评和调整。

2. 制度保障

第一,建立课程研究制度。学校科研处需关注教师课程的执行力,帮助教师提高课程的研究力,组织开展学科学术研讨、课程评议研讨。发挥家长委员会作用,给予家长代表对学校课程实施的知情权、参与权和评价权。

第二,建立校本课程申报、审议、选课制度。学校全体教师均有权参加校本课程的开发与实施,骨干教师及青年教师要积极参与,在学校进行动员和培训后,可以自主申报。教师在接受专门培训的基础上,将课程纲要等相关资料上交学校校本课程领导小组会审。学校校本课程领导小组在进行全面、综合的分析和评审后，决定要开发的科目及实施的人员。

第三，建立教师研修制度。开展以"专家引领、同伴互助、自我反思"为特征的校本培训活动，通过分层学习、理念引领，让教师明确其提升课程质量的职责；通过科研引领、课题研究，落实课时学历案的教学；通过聚焦课堂、实践研讨，提升教师的教学能力。通过教师研修，将课程理念落实到行为，提升教师的课程意识和能力，以及课堂教学设计、作业设计和组织能力。

第四，建立教师自我监测机制。运用人工智能、大数据等技术，分析课堂行为，测评教师能力水平，生成分析报告，建立教师个人档案，帮助教师更精准地认识自己，提升教师专业素养。

第五，建立教师考评制度。确定融态度、能力、合作、创新、成效为一体的评价依据，实施团队捆绑评价和教师个体评价相结合、物质奖励和精神奖励相结合的考评制度。

（二）资源保障

第一，师资保障。通过吸纳青年教师，改善教师的年龄结构；抓住学历案的改革机会，提升教师的教育教学能力；完善学校对教师的评价方式，提升教师的工作积极性；创建多样的学习交流活动，不断提高教师的创造性。

第二，场地保障。充分利用好学校与广州图书馆、广州博物馆等机构签署的协议资源，以及发挥学校科学实验室、计算机教室、阅览室等专用场室的价值，以保证各类课程的顺利开展。

第三，信息技术化保障。学校成立"AI＋"教师能力发展实验室，在标准化课室环境下布设定制化音视频终端设备，对课堂教学过程数据进行采集，建立学生和教师的个人数据中心，为教师提供个人诊断报告，向学生提供个性发展数据，建立数字校园系统，为课程的信息化运作提供保障。

第四，共育力量保障。积极争取教育行政部门、所在社区、学生家长等各方力量，以支持学校课程规划下"弘志教育"的校本实施，使学校与上级主管部门、所在社区形成良好互动，促进学校更好地发展，为学生的发展开发更多、更好的课程。

（三）经费保障

学校设立专项经费，保障学校课程规划的高效落实。

附件：天河区岑村小学"弘志"少年的学段培养目标

依据岑村小学全体师生的教育愿景，学校将育人目标细化，并结合学生年龄差异，明确各年级的课程要求，厘定"弘志教育"课程目标。

"弘志教育"课程目标

目标 年级	体强心健	品雅学实	尚美乐劳
一年级	乐于参加各种体育游戏活动，感受体育运动给自己生活带来的乐趣；会玩1种体育游戏。主动亲近同伴。	能遵守学校纪律。会规范写字，达到一年级文化课程标准规定的要求。基本养成良好的学习习惯。在老师的指导下进行阅读，能提出自己感兴趣的问题。	养成良好的卫生习惯，初步学会一些简单的自我服务劳动、家务劳动。学会简单的绘画，能用简单的声势、律动表达自己对音乐的感受。
二年级	初步掌握简单的技术动作，学习正确的身体姿势；会玩1—2项体育类游戏活动。在班级结交几个好朋友。	能遵守学校纪律；讲文明懂礼貌。自己能做的事情自己做，有小主人意识。爱学习，掌握二年级文化课程标准规定的要求。养成良好的学习习惯。喜欢阅读并能与他人简单地交流。	能承担一些力所能及的校内外劳动，愿意与他人分享劳动成果，初步养成良好的劳动习惯。能用自己喜欢的方式表达自己对美的感受。能聆听并感受音乐所描绘的音乐形象，能主动参与听、唱、舞的艺术实践活动。
三年级	掌握简单的技术动作，并乐意向他人展示；在学习和运动中避免危险。在日常学习和生活中增强协调配合意识和团队合作精神。	注重个人礼仪；主动与父母沟通交流，体谅父母的辛苦。达到三年级文化课程标准规定的要求。养成良好的预习习惯。能与他人友好合作，积极为班集体作出自己的贡献。	学会1—2种劳动技能，提高劳动能力。能用自然的声音演唱，学习乐谱相关知识。具备基本的美术欣赏能力，喜欢绘画。
四年级	会做简单的组合动作，乐意向他人展示；初步具有正确的运动姿势；有较好的平衡协调能力；养成坚持锻炼的习惯，形成健康的生活方式。培养乐观向上的生活态度。	愿意倾听，会与他人分享；热爱学习，掌握四年级文化课程标准规定的要求。养成良好的学习习惯。有自己的兴趣与爱好。坚持阅读，有自己的观点并能清楚地表达。会做读书笔记。可以通过喜欢的方式表达所见所闻。	生活自理能力强，养成爱劳动的习惯。有一定的欣赏美的能力，并运用美术、音乐等艺术语言大胆想象，开始有创造性的表现。

续 表

目标\年级	体强心健	品雅学实	尚美乐劳
五年级	通过各项运动,培养学生团结、协作及集体主义精神。初步掌握运动基本技术和避险方法。初步了解青春期健康知识。	能站在他人立场理解问题,会感恩,能包容,孝敬父母。达到五年级文化课程标准规定的要求。能应用文化课知识进行策划、制作、表演与展示。	在劳动实践中获取美的感受和劳动带来的乐趣。学会至少一种小器乐,能独立演唱、演奏或集体表演。
六年级	积极参加体育活动,保持愉快的心情;能用正确的姿势学习、运动和生活。了解青春期的卫生保健知识。能够参与2—3项体育特长项目。	能明辨是非、善纳新,敢担当,具有积极向上的人生态度。掌握六年级文化课程标准规定的要求。有浓厚的兴趣,找到合适自己的学习方法。在集体面前大胆地表现自己,充满自信。	在劳动实践中获得成就感。初步形成健康的人生观和价值观。能熟练掌握至少一门小器乐,能熟练演奏1—2首曲目。初步形成自己的爱好或特长。

(编者:黄跃红、钟景就、许文婕、李宗日、刘江涓)

广州市天河区岑村小学课程实施方案点评

广州市天河区岑村小学精心编制的学校课程实施方案,立足学校特殊的传统与优势,充分挖掘周总理视察岑村这一历史事件的教育意义,立志于培养有理想、有本领、有担当的时代新人。岑村小学依据国家义务教育课程方案和课程标准等政策要求,致力于"启人有志""导人立志""引人明志"的学段三进阶,编写了有着扎实依据和长远眼光的课程规划方案,对指导岑村小学今后的课程与教学工作有着重要意义。岑村小学的这份课程实施方案要件完整,内容翔实,既符合学校课程实施方案的专业规范,又彰显学校育人特色。

第一,准确分析了学校传统与优势。

岑村小学有着较为悠久的办校历史,在新中国成立前就由爱国人士黄麟书先生创办。方案介绍了周总理1972年视察岑村,并在岑村留下殷切寄语的历史事件,深刻挖掘这一历史事件对本校未来的发展具有较大的意义,因为只有这样才能真正做到以史为基。

第二,详细解剖了学校发展的优势与劣势。

在学校的 SWOT 分析中,精准定位学校的优势、劣势、机遇与挑战,其中劣势与挑战的挖掘尤为值得注意,包括教师课程观念有待提升、硬件设备有待优化、学生自信和学习能力有待开发等。能够实事求是地发现和反思学校面临的劣势是有难度的,但是也只有直面这些挑战,才能够更好地前行,才能在未来的课程与教学工作中,尽力弥补劣势、发挥优势,助力教师和学生更快地成长。

第三,巧妙地落实国家、地方、校本三类课程。

该实施方案基于我国义务教育课程方案和课程标准要求,结合广东省课程政策,落实国家课程,整合地方课程,开设由"志承经典""志行足下""志趣飞扬"三个部分组成的"弘志"少年校本课程,并将国家课程、地方课程、校本课程三类课程结构转化为具体的课程计划表,对课程设置的课时安排等操作问题进行了清晰、详尽的说明,为同类学校推进新课程的适应性、综合化提供了一种范式。

第四,综合推进课程实施与评价。

在课程实施与评价方面,该方案坚持五育并举,旨在促进学生有个性的全面发展。在深化教学改革以促进教学方面,该方案从常规性教学改革和探索性教学改革两个方面切入,在保证基础教学工作稳步推进的同时,积极探索和尝试有创造性的教学改革路径,尤其是加强"弘志课堂"的探索性教学改革。在国家课程校本化、校本课程系列化两个方面,该方案切实体现了岑村小学的诸多特色,例如劳动课中利用该校的"四季田园"开展劳动实践,让学生体验田园劳动的幸福感。

(点评:石雨晨)

06

顺天致性　生生不息　培育天翼少年
——广州市天河第一小学课程实施方案

为全面贯彻党的教育方针，落实立德树人根本任务，培养有理想、有本领、有担当的时代新人，本校依据中共中央、国务院颁布的《关于深化教育教学改革全面提高义务教育质量的意见》，教育部颁布的《义务教育课程方案（2022年版）》，以及《广东省义务教育阶段课程实施办法（试行）》，在认真研究学校实际情况与发展需求的基础上，编写本课程实施方案。

一、背景与依据

（一）学校传统与优势

广州市天河第一小学创办于2019年9月，肩负着开拓创新、带头引领的责任与期望。学校现有华利、华穗两个校区，总占地面积近18 000平方米，共有45个教学班、1879名学生、115名教职员工，教师中有硕士研究生17人，中小学高级教师6人，各级骨干教师19人，各级名教师5人，广州市"百千万人才工程"培养对象3人。

学校深入研究未来人才所需的核心素养，借助古今文化交融式新校貌、特色"天团式"育人理念、STEAM融合培养核心素养式课程、教师共同体式迭代发展机制等，整体打造生态化、智能化、人文化的高品质育人学校。作为广州市教育局"国家教师教育创新实验区教师发展学校"、广州市教育教学研究院深度教学实验校、天河区基础教育课程与教学质量提升项目"种子学校"，以及天河区教育局基于核心素养的小学学科作业设计研究的"试点校"，学校的办学效益获得社会认可，先后被评为首届全国中小学云上运动会2021年度全国十强校园、广东省先进中队、广东省绿色学校、广东省依法治校示范校、广东省科普教育基地、广东省非物质文化遗产进校园示范学校、广州市心理健康示范校、广州市安全文明校园先进学校、广州市STEAM教育成果展示范校、广州市健康校园、广州市首批师德师风建设优秀学校、广州市心理健康教育特色学校等荣誉称号。

（二）学校发展经验与基础

学校采取SWOT分析方法,对课程的优势与劣势条件进行梳理分析,寻找发展的机遇及面对的挑战,清楚认识课程实施的现状与未来发展方向(参见图6-1)。

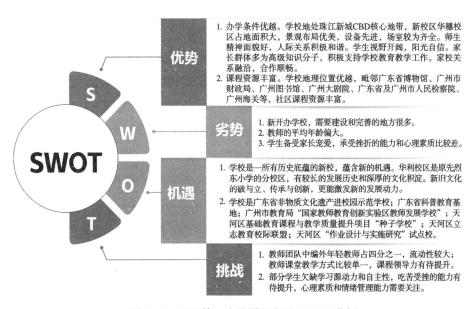

图6-1 天河第一小学课程发展SWOT分析

（三）学生与社区课程需求

学校前期通过组织师生多次座谈,了解到学校教师和家长在教育观念上比较先进:不功利、不唯分,注重学生的道德品质和行为习惯,关注学生身心健康与终身发展,这些观念与学校办学理念的契合度高。针对全体学生和家长开展的问卷调查显示,家长对学校德育课程的满意率达到97.02%,学校的"一班一品"课程也深获家长好评。前期调研同时表明,95.67%的家长希望学校拓展与科技有关、动手操作的综合性课程。

（四）学校教育哲学

办学愿景:办一所尊重儿童天性、顺应儿童成长规律、促进儿童健康生长的学校。

学校使命:尊重生命、聚焦生活、培育生机、促进生长。

办学理念:顺天致性,生生不息。

培养目标:为培养德智体美劳全面发展的社会主义建设者和接班人奠定基础,致力于让每一个孩子通过六年学习,成长为"彬彬有礼、勃勃生机、孜孜以求、灼灼其华"的天翼少年。其中,彬彬有礼指的是温文尔雅、大方自信的仪容仪态;勃勃生机指的是朝气蓬勃、阳光自立的身心面貌;孜孜以求指的是格物致知、勤勉自励的求学态度;灼灼其华指的是展能亮艺、坚毅自强的才华品行。

二、学校课程计划及说明

学校按照国家教育政策要求,基于办学愿景和使命,结合对现有课程的分析,开齐开足国家课程,因地制宜地构建丰富的地方课程和校本课程。三类课程协同实施以达成学校培养目标。

(一)课程结构

广州市天河第一小学课程分为国家课程、地方课程、校本课程三类。国家课程包括道德与法治、语文、数学、英语、科学、体育与健康、艺术、信息科技、劳动、综合实践活动等;地方课程包括地方综合课程、生涯规划和创新教育,与校本课程整合实施;校本课程设立"一班一品"(天翼)课程群,聚焦学校育人目标,整体规划六年课程内容,涵盖音乐、美术、语艺、科技、英语口语、书法等内容,与国家课程整合实施。

(二)学校课程计划

天河第一小学各年级课程安排参见表6-1。

表6-1 天河第一小学课程安排表

科目	各年级周课时					
	一	二	三	四	五	六
道德与法治	2	2	2	2	3	3
语文	9	8	7	7	6	6
数学	3	4	4	5	5	5
英语			3	3	3	3
科学	1	1	2	2	2	2

续 表

科目	各年级周课时					
	一	二	三	四	五	六
体育与健康	4	4	3	3	3	3
艺术	4	4	3	3	3	3
信息科技			1	1	1	1
综合实践活动、劳动、班队活动、心理健康教育、英语口语、一班一品课程群	3	3	5	4	4	4
合计	26	26	30	30	30	30

(三)课程安排说明

1. 此计划会按照广州市教育局的最新要求作相应的调整。

2. 每学年新授课时间35周;每学年复习考试时间2周;每学年学校机动时间2周,用于集中安排劳动、科技文体活动等。

3.《习近平新时代中国特色社会主义思想学生读本》作为必修内容,由道德与法治课教师主讲,平均每周1课时,在道德与法治、班队课、校本课程等课时中统筹安排。

4. 一至六年级每周安排1课时班队活动,与道德与法治、劳动、综合实践活动等整合实施。

5. 心理健康教育课由道德与法治课教师主讲,平均每两周安排1课时,和道德与法治、班队活动、校本课程等统筹安排课时。立志教育(每学期3课时)与班会课整合实施。

6. 结合学校当前师资配备、学业水平考试实施等现状,在一、二年级开设英语口语,纳入校本课程课时统筹管理。

三、课程实施与评价建议

学校遵照立德树人要求,着眼全面育人,坚持德育为先、全面发展和协同育人的教育理念,从丰富学生学习经历的角度,依据"三全"原则整体实施课程。

第一,全体原则。课程实施面向全体学生,顺应学生天性,尊重个性差异,提供多元选择,让所有学生基于成长规律和个体特点学习课程。

第二,全程原则。营造正面、健康的课程育人环境,构建小学学习系统,促进学生的全程成长,让每个学生因经历这个系统而拥有面向未来的能力。

第三,全人原则。着眼学生核心素养培育,建立学校、家庭和社会协同育人的大课程观,课程涵盖全时空,培养全面发展的人,落实立德树人的根本任务。

学校把"立德树人"作为构建高效课堂的终极价值追求,以"提升素养"为课程学习核心目标,结合学情,着重落实"情境导入、自主学习、小组互学、教师助学、检测反思"的课堂实施流程,落实教学评一致性理念,强调立足儿童认知特点,遵循教育教学规律,重视引导儿童基于经验和体验的自主建构与精神成长。

(一) 高质量实施国家课程

学校规范课程设置,开齐开足国家课程,严格执行课程计划,认真实施课程标准。教师遵循学生认知发展规律,聚焦各学科课程目标,从"知识点/课时"研究,走向"主题/单元"教研。以集备组为单位,开展基于核心素养的单元学历案设计与实施研讨。基于学生立场,助力学生自主学习、合作探究。低年段重在研究如何做好幼小衔接,中年段有意识培养阅读与独立思考能力,高年段重在利用学历案培养学生自学能力。

1. 深刻领会课程标准的要求

各学科教师依据学校教育教学常规,深入研读课程标准,明确对本学段学生课程学习的基本要求,结合教材、教师教学用书等资源,全面深入分析学情,联系师生实际,将课程标准的学段内容要求分解到学期,为单元学历案设计提供参照,有的放矢地开展教学工作。

2. 科学编制课程纲要

在每学期开学前,学科教师编制课程纲要并进行评比,要求从学生"学"的角度,对一个学期或一个模块、一个单元所要实施的教学进行整体设计。在新学期第一节课,教师与学生交流分享学科课程纲要,让学生知晓本学期课程学习计划以及评价形式等,以激发学生的学习积极性。每一课时的教学依据课程纲要来设计,使学科教学、学生学习、教学评价围绕课程纲要形成一个有机整体。学期结束时,根据课程实施情况,特别是学生的反馈意见,对课程纲要进行修改完善。

3. 有效变革课堂教学

教师运用单元设计理念,提倡专题教学,确定相关学习主题,设计社会生活中实际需要的、能够解决真实情境中具体问题的任务,引导学生在真实情境下,开展自主、合作、探究的学习活动,用中学,学中用。每学期评选优秀单元教学设计案例。教师将单元设计落实到每周、每课时的学习中,确定多种评价方式评价学生学习,培育学生核心素养。

4. 优化作业设计实施

遵循"目标导向、尊重差异、整体设计、反馈改进"的基本理念,以课题研究形式,通过开展专题论坛活动,结合学历案设计与实施研究,围绕学科相互支撑、循环发展的四要素——"单元作业目标制定、作业设计、作业实施、作业评价反馈",预设小学学科单元作业设计流程,破除当前作业设计的瓶颈,从整体上构建增强教师作业设计能力的策略,提高课程学习效益。

(二)合理开发与实施校本课程

学校结合"顺天致性,生生不息"的办学理念,通过合理开发、不断优化天翼课程群,充分挖掘学生的潜能和优势,促进学生全面而不失个性的和谐发展。

1. 筑梦立志主题教育

为引导学生树立高远志向,坚定理想信念,努力成为"彬彬有礼、勃勃生机、孜孜以求、灼灼其华"的天翼少年,学校建构"立志教育"课程(详见表6-2),与班队活动课、养德课程等结合,各年级课程内在联结的逻辑结构为:启志→明志→持志→成志。每月落实主题课程学习,引导学生树立人生方向,养成良好习惯,自强自立,创造条件去实现志向。

表6-2 天河第一小学立志教育课程安排表

年级	授课内容		
一年级上学期	我是小学生啦	我们的校园	校园生活真快乐
一年级下学期	我的好习惯	我和大自然	我们在一起
二年级上学期	我们的班级	我们在公共场所	我生活的地方
二年级下学期	让我试试看	绿色小卫士	我会努力的
三年级上学期	做学习的主人	榜样在身边	我与班级共成长
三年级下学期	欢迎来到我家乡	我爱我的家	争做社区好邻居
四年级上学期	我身边的人	与人交往	我的贡献与责任
四年级下学期	我们的生活	身边的榜样	我要做"那样"的人
五年级上学期	偶像在身边	我心中的英雄	我奉献,我快乐

续 表

年级	授课内容		
五年级下学期	你立志了吗	十五年后的我	我要成为最棒的自己
六年级上学期	积极上进,与梦同行	向上的你最可爱	尽自己的努力,做更好的自己
六年级下学期	多年后,我成了中国的……	我心中的偶像	做最好的自己

2. "一班一品"(天翼)课程群

依据前期调研,结合学生发展需求、现有师资力量、教育资源等,学校优化和丰富"一班一品"课程群内容。从班级学生成长的个性、班级发展要素出发,对班级特色的课程资源进行优化设计和处理,构建校本课程体系,有目标、有步骤地培养学生。从一年级开始,学校依据多元智能理论,基于学生兴趣进行自然分班,各班每周安排一次课(2课时)进行音乐、美术、语艺、科技等专业课程的启蒙学习,与国家课程的语文、科学、艺术、综合实践活动、信息科技等统筹安排课时。推行"双师制",由专业教师指导,助教协助专业课的课堂学习管理,实现精准教学。班主任持续跟进学生课后练习,每学期各班举行一次专业展示,确保课堂学习效果有效持续,促进学生全面而有个性的发展。"班班有特色,班班有创造,人人都参与",打造活力校园。

(三)自主开展重大特色教育活动

1. "城市客厅"项目

学校结合实际,充分利用学校周边丰富的社区资源,设计"城市客厅"跨学科主题学习项目。基于大概念或大任务统领,基于学科课程,结合相关学科知识,通过挖掘社区资源,围绕"城市客厅"开展探究实践活动,从"三好(好看、好玩、好客)"维度,深化拓展学习内容,推进综合学习,促进学生核心素养发展。本课程主要是在课外完成,如有需要,结合综合实践活动开展学习。

2. 健体活动

学校紧抓体育实践这一育人途径,努力开发具有基础性、实践性、健身性、综合性特点的体育类校本课程,课程目标是增强学生体能,培养运动兴趣和爱好,形成坚持锻炼的习惯,培养学生良好的心理素质、人际交往能力和合作精神,从而提高学生的社会适应能力。体育锻炼课程在大课间实施,课程内容有武术操、足球、花样跳绳、滑轮等。

3. 晨韵展示

为展示"一班一品"课程群的学习成果,展示天翼学子的多彩魅力和青春活力,学校每天早上7:50—8:10组织开展班际晨韵巡演活动。巡演内容不限,可展示器乐演奏、歌舞、魔术、小品、相声、朗诵、戏剧、口技、书法、绘画、科创、体育等;也可根据项目来进行展示,如美术班同学可带画板现场作画,科技班同学可现场展示和介绍科技作品。

(四)着力推动课程评价

学校充分调动多元评价的激励、诊断和调节功能,解决课程实施中出现的问题,实现"课程为学生成长赋能,促教师专业提升,助办学特色形成"的价值追求。

1. 对学生学习评价的建议

学校引导教师,结合实际教育教学目标和内容,对学生进行学习评价。按照《广州市天河第一小学拔萃学生、拔萃星评选标准》,围绕学生的学习习惯、学习态度、学习方式、基础知识、基本能力、综合实践活动等方面,分设拔萃学生、乐学拔萃星、健体拔萃星、美雅拔萃星、科创拔萃星、书香拔萃星、劳动拔萃星、进取拔萃星、勤勉拔萃星,师生共同对照标准进行自评、他评,让学生全面了解自身的学习历程,分析学习中存在的困难或取得的进步,认识自我,树立信心,提高学习内驱力。

学校鼓励学生、同伴、家长等参与到评价中。一年级以教师和家长评价为主,学生自评、互评为辅;中高年级评价逐步以自评、互评为主,教师、家长评价为辅。呈现评价结果时,低年级采用定性描述的方式,中高年级采用定性与定量结合、以定性描述为主的方式。

学校结合育人目标,制定《天河第一小学"我是小榜样·传递正能量"修炼手册》(下文简称《手册》),让学生在"学—做—评一体"的教育生活中进行发展性评价。学生依据《手册》中低、中、高年段的日常行为规范观测点,每天对自己的行为表现进行比照、反思、记录,通过学生日省、班级周评、家长月评、学校期评和年评,让学生对自己过去与现在的表现进行比较,真正体悟自己的进步。

2. 关于教师教学的评价建议

学校本着科学、客观、公正、公开的原则,将定性评价与定量评价相结合,将形成性考核与终结性考核相结合,以学期、学年为单位,从如下几方面对教师进行年度综合考核——思想素质和师德规范,教学态度、自律意识和敬业精神,教学业务技能和教学组织能力,教学目标的实现程度和教学效果等,评选出天河第一小学"善教""善育""善美"教师,以激励教师成为"四有"好教师。

在评价形式上,采取学生(教师所授课班级学生)测评、同行测评(如市区教学视导、师徒结对、级组科组内部教研等)、考核小组(由教学副校长、教导处主任和教师代表组成)测评及综合测评(检查教师日常的备课授课、作业布置与批改、辅导答疑、学科竞赛指导、考试考查等教学环节)四个方面相结合的方式进行。对于评价等级较低的教师,则通过科组和教导处的帮助,为其分析原因,指导整改,以提升水平。

3. 关于课程方案的评价建议

教学行政与科组长、骨干教师组成课程评价组,制定课程实施标准,形成课程反思制度,定期对课程实施过程中的目标设定、课程内容及实施依据进行科学的评价。评价依据包括每学期、每门课程的学期课程纲要、教案或学历案。各科组通过运用学历案,评价教师的课堂是否体现"教学评一致"理念;每个单元由教师依据学期课程纲要进行自主调研,自我评价,及时改进教学,以促进教师的专业化发展。

四、保障措施

(一) 组织保障

学校成立课程领导委员会、课程研发小组、课程管理小组、课程评价小组四个部门,保障课程的实施。

课程领导委员会由课程专家担任顾问,校长担任组长,组员包括学校行政、教师、学生和家长、社区人士代表,负责课程规划、审议、评价、监督等,并在课程正式审议通过后进行宣传发布。它负责领导课程建设方案的实施,接受评估检查与验收。

课程研发小组由教学副校长、教导主任、教研组长、学科骨干教师组成,负责研究国家课程与校本课程的具体实施。该小组全程开展深入的教学研究工作,如教学内容的研究、学习需求的研究、教学方法与教学技术的研究、相关政策的动态研究、其他学校精品课程建设成功经验与失败教训的研究等,以保证学校课程建设的质量。

课程管理小组由校党政办公室、教导处、德育处、总务处四个处室的干部组成,校党政办公室负责研究学校教育管理的整体部署,创新日常办公、形象建设、校园综合治理方式,结合业绩考核和职称晋升等手段,解决困扰教职工发展的各种管理问题。教导处负责研究设计校本课程体系,制定课程计划、课时安排、课程考核办法,完善校历编制、学籍管理等事务,紧抓教学质量和教学效率提升。德育处负责研究学生的思想动态,调研学生需求,关注学生安全,考查学生满意度,通过各种活动调动学生的参与意识,发挥其对教育教学工作的自主管理作用。总务处负责规划学校经费,做好后勤服务设计,最大限度地满足教育教学过程中的相关资源需要。

课程评价小组由教导处、德育处教师组成,负责对师生的教学评价,专人负责专项,定期对课程教学实施进行评价、指导。

(二) 制度保障

建立激励机制。按照"效率优先、多劳多得"的原则,围绕课程建设与实施、教育教学工作,建立课程管理制度并加以动态化完善,落实项目日常目标管理与自查调整,并推行考核奖励机制,使每一项项目行动都能够高质量地进行,以此有效推进"生生教育"的运作。

建立发展平台。借助"天一书院",面向全体教师实施"书院"工程,通过下设的"读书会"提高教师理论水平,通过"学术会"提高教师课堂教学、课题研究的专业能力,通过"论道会"提高师德水平,通过"生活会"帮助教师懂工作更懂生活。针对不同阶段的教师开展不同主题的培训：面向青年教师实施青蓝工程,加速教师成长;面向骨干教师实施深研工程,提高其专业能力。通过名师联动、专家引路、教师研讨的方式,加强课堂教学的研究,力求通过自身行为的转变促使学生的自主性、独立性、能动性和创造性得到真正的张扬和提升。

(三) 资源保障

学校根据自身条件、环境要求、发展趋势等因素,尽可能对学校的办学规模、办学层次、办学类型等做出最大优化,以配合课程的实施,达成育人目标。

在经费方面,学校在寻求专家指导与评估、进行场地建设、开展国内外合作与交流等方面给予足够的经费保障。学校合理利用经费,为两校区配足国家课程实施所需的教材、教具、仪器设备等物质资源。建设智慧学习教室,保障数字化环境下的教与学。

根据广州市教育局、广州市民政局印发的《关于促进我市教育基金会发展的实施意见》,学校与广州市青少年发展基金会共同设立"天一"基金,为学校课程建设与实施提供经费保障。

学校将充分利用社区资源,用好用足毗邻学校的广东省博物馆、广东出入境检验检疫局、广东省及广州市人民检察院、广州图书馆、广州大剧院、广州海关等优质资源,充分发挥周边社区资源和学校教育实践基地的育人功能,进一步开发具有特色的跨学科课程。

(编者：王晓芳、王爱伦、张暖、程静、董穗湘)

广州市天河第一小学课程实施方案点评

广州市天河第一小学制定的课程实施方案采用规范、凝练的语言,立足学校和学生实际,全面、明确、细致地勾画了学校课程样貌,为接下来学校的课程建设和育人工作提供了方向性引领和具体的实施指南。

一份好的课程实施方案应体现出正确的价值观和办学愿景对学校课程建设的引领作用。天河第一小学在编制课程实施方案前,系统学习了近年来出台的相关教育政策和课程文件,在领会党和国家的教育方针与政策的基础上,致力于落实"培养有理想、有本领、有担当的时代新人"的目标,同时结合学校实际,提出了"顺天致性,生生不息"的办学理念,以此引领学校课程的规划与建设。

一份好的课程实施方案应反映出学校课程立足学校实际的提升和改进,换言之,课程实施方案要立足校情谋划未来。天河第一小学的课程实施方案首先分析和描述了校情以及学校课程发展上的优势、劣势,所面临的机遇与挑战,而后针对学校课程发展方面的资源与短板,提出了明确的应对措施。例如,针对学生心理发展上的突出特点,强化了立志教育、心理健康教育等校本课程的建设;针对教师在课程领导力上的提升需求,借助"天一书院"这种形式,为全体教师搭建了专业发展的平台;利用学校周边丰富的课程资源,推行"双师制"来实施校本课程。诸如此类的举措,让学校的课程实施方案打上了"天河第一小学"的鲜明烙印。

一份好的课程实施方案要对学校课程作出科学规划与安排,以保障学校培养目标的实现。天河第一小学的课程实施方案首先确保所有的国家课程开足开齐,而后在此基础上结合学校与学生实际,针对学校的培养目标,设置了丰富多样、具有学校特色且适应学生需求的校本课程。如校本课程"立志教育"涵盖1—6年级各个学期,内容设置系统、全面、逻辑性强,契合不同年龄段学生的心理发展特点;校本课程借鉴多元智力理论,着力突显"一班一品"的特色,借以强化班级凝聚力,挖掘学生潜能。天河第一小学所设置的门类齐全、内容丰富的课程,为学生的全面和谐发展提供了均衡的养料。

一份好的课程实施方案还要有可操作性,能在接下来的育人工作中得到有效执行,在学校落地生根。天河第一小学的课程实施方案在这方面作出了很好的探索。首先,将宏大的育人目标逐层细化,直至不同年段目标达成情况的观测点,为学校的培养目标在日常课堂教学中的落实提供了具体的监测与评价指标。其次,以"单元教学设计""学历案设计""作业设计"等为抓手来提升课程实施的实际效果,确保育人目标在课堂层面得到有效落实。此外,还从组织机构建设的角度对学校课程的管理工作进行了系统规划,建立并完善了各项确保课程有效实施的规章制度,让课程实施方案的落地生根不仅有据可依,也有据可评。

(点评:王小明)

07

文武兼济　自强不息
——广州市天河区龙洞小学课程实施方案

为深入贯彻党的教育方针，落实立德树人根本任务，依据习近平总书记对教育的重要论述和中共中央、国务院《关于深化教育教学改革全面提高义务教育质量的意见》（2019年），以及最新修订的《义务教育课程方案（2022年版）》《广东省义务教育阶段课程实施办法（试行）》等文件精神，结合学校的传统优势与现实挑战，特编制本课程实施方案。

一、背景与依据

（一）学校传统与优势

龙洞小学始创于1919年，前身为"至德学校"，现为广东省一级学校和全国足球特色学校。学校从《礼记·大学》中"苟日新，日日新，又日新"获得启示，确立了"关注当下，奠基未来"的办学理念，以"每日一进步，厚实人生路"为校训，近年来打造了"学科活动月""体育节""艺术节""科技节""年级融合课程"等多项品牌活动，构建了贯穿所有课程的"日新评价"体系，开展了"五读教学""整本书阅读""项目式学习"等教学探索，取得了阶段性成效。2018年确立了以"阅读"和"体育"为"一体双翼"的特色课程实施路径，全面推进"日新"文化建设，发挥学生体质优势，滋养学生思维品质，有效缩小城乡差异。

（二）课程发展经验与基础

龙洞小学地处天河区东北部的城乡接合部，分三个校区，校园占地面积辽阔，共28 877平方米，70个教学班，学生3 116人。教学配套设施齐全，拥有200米环形跑道运动场、足球场、室内羽毛球馆、游泳池和42个功能场室，为发展各类特色课程奠定了良好的硬件基础。

学校是天河区体质健康抽测十一所免测学校之一,学生体质基础良好,但生源结构复杂,其中龙洞村村民子女和外来务工人员子弟占比约1/3,学生的规则意识、学科能力有待加强。

学校拥有一支年轻有活力但青黄不接的教师队伍,在职教师185人,平均年龄29岁,近三年新入职教师占29%,教龄三年内的教师占26.5%。教师队伍年轻化且恰逢生育高峰期,是教师队伍整体稳定性不足、教育教学质量参差不齐的主要原因。

师生、家长对学校"日新"文化及校本课程的认可度较高。基于现状调研发现,年级融合课程、语数英活动周和体育活动课广受好评,但课程体系的逻辑性、整体性和协调性不足,亟须学校进一步梳理和重构,以满足学生多元发展需求。

(三)学校发展追求

1. 学校愿景

学校在"日新"文化的价值观引领下,致力于发展成为一所彰显内在规则秩序,洋溢外在生长活力的现代文明学校,即结合学校地处城乡接合部的校情、学情,以塑造学生内在规则和秩序为出发点,在"每天进步一点点"的理念引领下,塑造生机勃勃、文武并重的校园文化形态,推动学校从"城市边缘学校"向"城市中心学校"转型。

2. 毕业生形象

为落实国家"培养有理想、有本领、有担当的时代新人"的育人目标,结合"日新"文化内涵,学校确立了"文武兼济、自强不息"的"日新"学子毕业生形象(见表7-1)。

表7-1 龙洞小学毕业生形象内容指向

培养目标	目标维度	内容指向		
文武兼济 自强不息	德日新	日进其德	明理守则	志存高远
	智日新	日进其智	乐学善思	合作创新
	行日新	日进其行	身强心健	勇毅担当

二、学校课程计划及说明

(一)课程设置

学校课程包括国家课程、地方课程和校本课程。

国家课程含道德与法治、语文、数学、英语、科学、信息科技、体育与健康、音乐、美术、劳动、综合实践活动,共 11 门科目。地方课程包括地方综合课程、生涯规划和创新教育三门课程。为达成学校特色育人目标,在校本课程中设置了班会、心理健康教育、英语口语、综合德育、综合阅读、综合体育六门课程。除此之外,学校还设有班队会、每周主题升旗仪式、日新大舞台、每日一项家务劳动、每日一小时校外体锻、每日半小时课外阅读等活动。

(二)课程计划及说明

表 7-2 龙洞小学课程设置及安排表

课程		各年级周课时						备注
		一	二	三	四	五	六	
道德与法治		2	2	2	2	2	2	
语文		8	7	7	7	7	7	每周各年级设置一节 40 分钟的"整本书阅读"课;3—6 年级利用语文课每周安排 1 课时"书法"
数学		3	4	5	5	5	5	
英语				2	2	3	4	
科学		1	1	2	2	2	2	
信息科技				1	1	1	1	
体育与健康		4	4	3	3	3	3	3—6 年级每周设置一次 2 课时连上
艺术	音乐	2	2	2	2	2	1	
	美术	2	2	2	2	1	1	1—4 年级每周设置一次 2 课时连上
劳动				1	1	1	1	
综合实践活动		3	3	1	1	1	1	1—2 年级每学期开展 3 节人工智能课。3—6 年级每两周开展一次人工智能课。
班会				1	1	1	1	
心理健康教育								
英语口语								
综合德育课程 综合阅读课程 综合体育课程		1	1	1	1	1	1	走班制选修课
周课时总数		26	26	30	30	30	30	

1. 此计划会按照广州市教育局的最新要求作相应的调整。

2. 劳动、综合实践活动、班会、心理健康教育、英语口语、人工智能整合实施,纳入校本课程和地方课程课时统筹管理;每周二下午第一节全校统一开展校本课程,各年级各班学生通过走班制分别选修"综合德育课程""综合阅读课程"和"综合体育课程。"

三、课程实施与评价建议

(一) 有效落实国家课程

借助"学期课程纲要""教学评一体化高质量课堂""跨学科阅读主题实践活动"和"大单元作业设计与实施"推动国家课程的校本化。

1. 编制素养导向的学期课程纲要

每学期初,各学科以年级为单位,组建研修团队,共同制定学期课程纲要。学期课程纲要以落实核心素养为目标,在分析课标、教材和学情的基础上,结合学校全学科阅读、"日新评价"等特色育人活动制定适切的课程目标、实施策略和评价方式。

2. 打造以"学"为中心的"教学评一体化高质量课堂"

"教学评一体化高质量课堂"以"大单元学历案"为实施载体,围绕学科核心素养设定大任务、大概念或大主题,明确单元学习目标并对学习内容进行结构化整合,驱动学生在问题导向下组成学习共同体——"学习圈",开展"教学评一体化"的学科特色探究活动。

"教学评一体化高质量课堂"以"学"为中心,力求"人人参与,共同进步"。学生在课前需明确本单元或本课的学习目标,并进行自我预判;课中借助老师设置的评价任务检测目标达成度,并通过个体学习和小组合作,发现、分析和解决问题;课后再对照目标深度反思:我达到目标了吗?我进步了吗?从而实现"每课有所得""每日有所进"(见图7-1)。

3. 开发真实情境下的"跨学科阅读主题学习活动"

为落实国家课程中10%的跨学科主题学习课时,我校结合多年开展阅读教学的经验,引导学生从"学习阅读"走向"用阅读学习"和"用阅读实践",设置联通学生与同伴、知识、社会以及不同学科之间的"真实问题情境",学生在"真实问题"驱动下组成"综合性学习圈",经历"明确任务、组成小组—查找资料、学科阅读—合作探究、解决问题—发布成果、自评互评"的多轮"读—思—行"循环探究,提升"创新精神、实践能力和社会责任感"这三大跨学科素养。

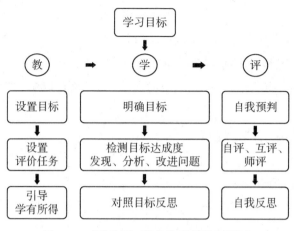

图 7-1 "教学评一体化高质量课堂"模式

每个主题活动由一个主要学科和若干辅助学科的教师以"1+X"的方式组成"跨学科阅读主题研发团队"。主要学科的负责老师为研发团队组长,负责总方案的制定、分工协调及组织研讨集备,各学科教师合作完成"跨学科阅读主题单元学历案"的设计和多媒体阅读资源包的整合,并在推进过程中及时反馈和修正,不断优化实施方案。

校内统筹安排学科阅读课、实践指导评价课和成果展示活动等,并借助课前5分钟的"学习圈微分享"引导学生自我反思;校外充分利用信息技术指导"学习圈"开展线上、线下的"双线交流",在充分"阅读"和反复"实践"中寻找解决问题的最佳方案,体现"学思结合""学用结合"。

4. 探索多元化的"大单元作业设计与实施"

语文、数学、英语三大学科积极探索新课标理念下的大单元作业设计与实施,容量上严格按照"双减"政策相关要求,内容上分层设置必做的基础作业和选做的拓展作业,形式上力争体现综合性、创新性和实践性。各年级集备组依据大单元任务及学习目标,首先明确作业目标,再整体设计单元作业群,并提供相应的学习指南、任务单和评价量表。为兼顾共性和个性,同年级作业相似度保持在80%以上,各班可根据学情酌情调整。

此外,坚持每天给学生布置"三个一"的校本特色作业,即"阅读一本书""运动一小时""做一件家务",培养学生良好的阅读、运动和劳动习惯。

(二) 合理开发特色校本课程

校本课程以提升学生综合素养为目标,开设综合德育课程、综合阅读课程和综合体育课程,并整合实施。课程研发组沿着"参与—体验—反思—进步"的路径,依年段设置"十八主题"供学生自主选修(见表7-3),并开发相应学期课程的纲要和活动手册。学生在同一年段不重复选课,小学毕业前每门课程至少完成三个主题学习,兼顾"个性选择"和"多元发展"。其中,一、二年级以指向入学适应的体验式学习为主,三至六年级以指向创新精神、实践能力和社会责任感等综合素养提升的项目式学习为主。校内开设活动准备课、讨论课、评价课,校外适当引入家长和社会资源,指导学生开展自主学习和小组合作,并借助校内外多平台进行成果展示及评价。

表7-3 三大校本课程十八主题

课程	一二年级主题	三四年级主题	五六年级主题
综合德育课程	校园探秘 你好,春天	校园之绿 中国器物	中国山河 世界桥梁
综合阅读课程	我与朋友 数学绘本	科技生活 英语剧场	名著导读 艺术殿堂
综合体育课程	绳彩飞扬:短绳 绳彩飞扬:长绳	民族运动:武术 民族运动:毽球	探秘足球 探秘篮球

(三) 有效推进课程评价

1. 学习评价

(1) 基于育人目标构建"日新评价"体系

为落实国家和学校育人目标,全体师生、所有课程共用一套综合素质评价体系——"日新评价"。以"让孩子的成长点滴可见,并引领孩子的点滴成长"为评价理念,构建"三维度九指标"的指标体系(即将"德、智、行"细化为9个二级指标和18条评价标准),在评价内容、标准和方式上强调对综合素养、成长过程和自我评价的关注;开发"日新成长银行"作为评价工具,通过"积累印章、存储龙币、兑换奖励"等显性化评价方式促进学生全面发展(见图7-2)。

(2) 聚焦核心素养强化课堂学习评价

国家课程评价包括过程性评价和终结性评价。各学科以学期课程纲要为载体,设置指向学科核心素养的课堂评价、作业评价和阶段性评价,规范相关的评价内容和方式,其中对学生开展不少于30%的学期过程性评价,并积极探索表现性评价方式。课堂评价和作业评价以大单元学历案为载体,以评价统领课前的学历案设计,将评价嵌

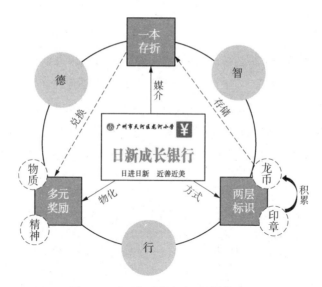

图7-2 "日新成长银行"的操作路径

入课中的自主学习和合作研讨,并指导课后反思和作业设计。阶段性评价则是在教学的关键节点,以"学习产品"的形式对学生阶段性学习质量进行考察和回顾。

学期末,1至2年级学生采用非纸笔测验的形成对学生进行评价,3至6年级学生则以纸笔测试的方式进行学业水平检测,再综合过程性评价,形成学期终结性评价。

(3) 探索特色校本课程的档案袋评价

校本课程在学校"日新评价"体系下,采用档案袋评价方式,遵循多维度、全过程、多主体评价原则,采用可视化的活动手册作为评价载体,既完整记录学生活动和评价过程,又针对德、智、行三大维度开展形成性评价,并借助日新电视台、日新报、日新大舞台、学校公众号、社区宣传栏等为学生搭建广泛的成果展示平台。

每学期末,学校参照日新存折数据库,从德、智、行三个维度,分别评选"美德少年"(德)、"书香少年"(智)、"活力少年"(行)等奖项。

2. 教学评价

国家课程实施的评价由"学期课程纲要评价""课堂教学评价""学业质量监测""家长和学生满意度"四部分构成。其中课堂教学评价基于"教学评一致"原则,重点评价教师的学历案设计与课堂实施情况,关注学生的课堂表现和目标达成度;学业质量监测综合国家、省市区质量监测数据以及每月的作业检查和学历案检查来评估阶段性教学效果,并及时提出改进建议;学校也定期开展家长和学生问卷调查,了解他们对课程开展的满意度和建议。

校本课程实施的评价由"学期课程纲要及活动手册评价""实施过程评价""家长和学生满意度评价"三部分构成。课程管理中心于学期初组织专业团队评估并制定学期课程纲要及活动手册,学期中依照《龙洞小学教科研管理制度》定期实施过程评价,学期末开展家长和学生课程满意度调查,并向项目组反馈评价结果和整改建议。

3. 方案评价

本方案实施过程中,学校将以学年为单位,收集教师、家长、学生三方面的评价信息,以评估本方案的科学性和合理性,并及时调整、修订。

四、保障措施

(一) 组织保障

学校建立完善的课程组织架构,校长是学校课程规划与实施的第一责任人和重要领导者、组织者、参与者,从顶层设计上指导课程建设;课程管理中心由副校长、教导处、德育处和科研处成员组成,负责课程规划、审核、过程管理和评价,借助"打卡制度"定期检查课程实施的过程与效果,及时发现和纠正问题,从机制上保障课程顺利实施;课程研发组分为国家课程、综合德育课程、综合阅读课程、综合体育课程四个项目组,由学科组长、年级部长和学科骨干教师组成,负责拟定课程纲要和活动手册,指导课程实施;课程实施组由全学科教师组成,负责课程的具体实施和完善。

(二) 制度保障

为保障各大课程的实施质量,学校拟定《龙洞小学课堂评价量表》和《龙洞小学教科研管理制度》(含备课、教学研讨、作业设计与评改等内容),通过制度规范引导教师的教学行为。

(三) 资源保障

1. 资金保障

每年设立"课程与教学改革"和"日新评价"专项基金,未来三年内,确保经费参与到"天河区基础教育课程与教学质量提升项目"中,保证各类课程改革和实施顺利推进。

2. 环境保障

完善运动场馆、阅览室、日新大舞台及功能场室建设,确保校内教育资源对各类课程的硬件支撑。此外,加强学校 APP、微信公众号、日新报、日新电视台和主题成果展等多媒体展示平台建设,同时充分挖掘家长和社区资源,打造家长和社会课堂,为课程开展提供便利。

(四) 师资保障

加强校本研修,着力打造一批高素质的师资队伍,定期开展基于核心素养的课程改革专题培训、读书会、教育教学论坛、教学比赛、课题申报论证会等,鼓励教师们构建学科内和跨学科研修共同体,以研促教,不断提升全校教师的课程建设力和执行力。

(编者:崔效锋、杨苑芳、苏暖、刘晖)

广州市天河区龙洞小学课程实施方案点评

学校课程目标回答"学校要培养什么样的人"的问题。制订学校课程目标首先要忠实于国家义务教育课程方案提出的培养目标,即"使学生有理想、有本领、有担当",同时可以根据学校教育哲学和学生发展需求进行校本化的表达。龙洞小学从所确立的"日新"办学价值观出发,提出了"文武兼济、自强不息"的"日新"学子的毕业生形象,并将其具体化为"德日新、智日新、行日新"的目标维度及相应的"日进其德、明理守则、志存高远""日进其智、乐学善思、合作创新""日进其行、身强心健、勇毅担当"的目标内容,既体现了国家义务教育课程方案培养目标的思想内涵,又展现了学校的价值追求。

学校课程设置要解决的主要问题是,如何在遵行国家和地方对课程设置既定要求的大前提下,立足于学校课程目标,形成具有学校特色的课程体系。2022年颁布的国家义务教育课程方案进一步优化了课程设置,将义务教育课程分为国家课程、地方课程和校本课程三类,从课程要求、科目设置和教学时间上明确了国家课程的法定地位,同时又给予地方课程和校本课程一定的自主空间。龙洞小学的课程计划严格遵守义务教育课程方案中关于国家课程设置的规定,并开设了综合德育、综合阅读、综合体育三门校本课程。国家义务课程方案强调要变革育人方式,强化课程综合,注重社会实践。龙洞小学对学校原来多类别的、交叉的校本课程作了系统梳理,从学校课程目标出发,发挥学校原有的特色教育教学资源优势,确立了综合德育、综合阅读、综合体育三门具有综合性特点的校本课程,并根据学生发展的年龄特点,设计了十八个主题,服务学生个性化学习和发展需求。

国家义务教育课程方案要求学校在制订学校课程实施方案时,立足学校办学理念,分析资源条件,整体规划三类课程的实施,进一步深化教学改革,并就深化教学改革提出了"素养导向、学科实践、综合学习、因材施教"四大要求。龙洞小学的学校课程实施围绕"有效落实国家课程、合理开发特色校本课程、有效推进课程评价"三大方面展开;学校基于原有的实践基础,提出了以"学"为中心的"教学评一体化高质量课堂"、真实情境下的跨学科阅读主题实践活动、多元化的校本特色作业设计与实施的具体内容。"教学评一体化高质量课堂"以"大单元学历案"为实施载体,围绕学科核心素养设定大任务、大概念或大主题,对学习内容进行结构化整合;多元化的校本特色作业设计与实施以语文、数学、英语为主体,探索新课标理念下的大单元作业设计与实施,容量上严格按照"双减"政策的相关要求,内容上分层设置必做的基础作业和选做的拓展作业,形式上力争体现综合性、创新性和实践性。

　　课程评价是制订学校课程实施方案的重要内容,也是学校推进课程实施中的难点问题。龙洞小学的课程实施方案从学习评价、教学评价、方案评价对学校课程评价作了整体规划。其中基于育人目标的"日新评价"体系、特色校本课程的档案袋评价模式、"家长和学生满意度"评价都具有较强的校本特色。

(点评:胡惠闵)

08

素养导向　多元发展　育精艺少年
——广州市天河区前进小学课程实施方案

为了贯彻党的教育方针和习近平总书记关于教育的系列论述指示精神,以及党中央、国务院关于教育工作的系列文件要求,落实立德树人根本任务,天河区前进小学依据教育部《义务教育课程方案(2022年版)》以及《广东省义务教育阶段课程实施办法(试行)》等文件编写本课程实施方案,以此指导学校课程建设与教育教学活动。

一、背景与依据

(一)学校传统与优势

广州市天河区前进小学位于广州市天河区东部,学校始建于1946年,前身为一间村办小学。学校在上级部门的领导下,一直坚持社会主义办学方向,落实立德树人根本任务,以"精艺"教育理念为指导,促进学生多元全面发展。学校通过丰富多彩的教学活动,让学生在活动中发展专长,提升素养;学校采取多元评价的方式,让每个学生都能通过努力得到肯定。学校现有6个年级,34个教学班,1465名学生,学校得到家长们的认可,在社区有一定的影响力。

(二)课程发展经验与基础

1. 地理环境:学校地处天河区东部,南边是正在建设中的金融城,区域发展向好。学校周边有杨桃公园、番茄公园、前进街道文化中心等社区资源,与市内大学、博物馆、音乐厅等距离不远,便于学生开展活动。但本区域为人口流入区,每年增加的生源对学校现有教育资源造成较大压力。根据天河区发展态势,前进地区将进入一个大发展时期,对学校发展会有较大助力。

2. 组织制度:学校组织机构设置完整,制度健全并能得到落实。但学校现有绩效分配方案已经不适应学校发展需要,下一步学校需要为课程规划重点配套一系列相应制度,以保障方案顺利实施。

3. 教师资源:学校有一批优秀的骨干教师,这些教师分布在各学科,成为学科课程建设的主力军。由于学校规模扩大,学校教师人数不断增加,为教师队伍带来活力。但教师队伍不够稳定,每年都有教师流动。学校要大力开展师资队伍建设,以应对教师流动的问题。目前,学校教师平均年龄近38岁,一方面,教师工作经验较为丰富;另一方面,由于工作压力较大,很多教师在生理、心理上存在着不同程度的不适。学校各类事务繁琐,教师很难全心投入教学工作。学校需要通过方案的推进,帮助教师提高工作效率,减少重复、低质的工作,以缓解教师的身心压力。

4. 学生情况:学校学生聪明、活泼,身体素质较好。在近年的天河区阳光评价问卷中,学生对学校的认可度都高于区平均水平。但学生行为规范不够好,文明礼仪方面有欠缺,部分家长过于休闲的生活态度让孩子没有上进心。学校在毕业生形象塑造中要着重考虑学生的特点。

5. 课程资源:学校一直在进行校本课程建设的探索实践并取得了一定的经验。学校与周边几所中小学关系良好,定期进行课程开发、课程资源交流等互动。学校与华东师大合作的基础教育课程与教学质量提升项目将为学校提供良好的发展契机。目前,学校课程资源的主要不足有:在教学中,教师们仍然广泛采取传统的讲授方法,课堂效率不高,学生学习兴趣不足;校本课程的开设无法满足学生日益多元化的成长需求。在课程规划中要充分考虑如何提升课堂教学有效性,提升学生的综合素养。

(三) 学生与社区课程需求

根据学校现状及对社区调研结果分析,学校在落实国家"立德树人"任务,促进学生全面发展上应该开展以下课程建设以适应学生需求:

1. 落实好国家课程。在当前"双减"政策背景下,学生在家学习、接受课外辅导的时间减少。学校需要在课内下功夫,提升课堂教学有效性,最终实现"轻负高效"的教育目标。

2. 落实好地方、校本课程。通过地方、校本课程让学生既能在面上广泛涉猎各类知识,同时又能够在自己喜欢的项目上钻研精进,由此落实学校"精艺"教育理念。

3. 在课程设计上增加道德礼仪类课程,以帮助学生提升文明礼仪水平。根据学校学生特点继续开展好体育、科技、文艺类选修课程,帮助学生培养自己的兴趣特长。

(四)学校教育哲学

1. 学校愿景:创建一所立德立礼、博学精艺的阳光学园。

为了实现上述愿景,学校将开展以下工作:不断优化学校软硬件设施,营造绿色、活力、和谐的校园。构建"精艺"课程体系,让学生能在学校提供的多元课程中提升素养,实现德智体美劳全面发展。建设"精艺"教师团队,鼓励教师成为"言传身教,用双手托起明天的太阳"的"四有"好教师。

2. 毕业生形象

落实党和国家的教育方针,为培养德智体美劳全面发展的社会主义建设者和接班人奠定基础,着力培养有理想、有本领、有担当的时代新人,引导前进小学的学生争做**守礼、有爱、能学、会玩的精艺少年**。具体内涵如下:

守礼:遵规守纪、主动担当。

有爱:爱己及人、助人为乐。

能学:博采众长、思考践行。

会玩:玩出特长、玩出品味。

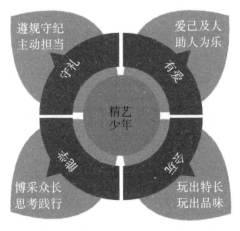

图 8-1 前进小学毕业生形象图示

二、学校课程计划及说明

学校按照上级有关文件精神,围绕中国学生发展核心素养,结合学校毕业生形象,建设学校课程,构建五育并举、广度与深度相结合的课程体系。顺应学生天性,发展学生个性,让学生在多元的学习经历中提升核心素养。

(一)课程结构

广州市天河区前进小学课程由国家课程、地方课程与校本课程三类课程组成。其中国家课程包括道德与法治、语文、数学、英语、体育、音乐、美术、科学、信息技术、综合实践活动、劳动,共11个科目;地方课程包括地方综合课程、生涯规划和创新教育,与校本课程整合实施;校本课程包括德礼课程、博学课程、精艺课程。

(二)课程计划

科目/课程	各年级周课时					
	一	二	三	四	五	六
道德与法治	2	2	2	2	3	3
语文	9	8	7	7	6	6
数学	3	4	4	5	5	5
英语			3	3	3	3
科学	1	1	2	2	2	2
体育与健康	4	4	3	3	3	3
艺术	4	4	3	3	3	3
信息科技			1	1	1	1
劳动、综合实践活动、班队课、心理健康、人工智能、德礼课程、博学课程和精艺课程	3	3	5	4	4	4
周课时总量	26	26	30	30	30	30

(三)说明

1. 此计划会按照广州市教育局的最新要求作相应的调整。

2. 小学每课时 40 分钟；每学年新授课时间 35 周，复习考试时间 2 周；每学年机动时间 2 周，由学校视具体情况集中安排科技文体活动。

3. 班队课平均每周 1 课时。

4. 劳动、综合实践活动课程统筹安排。

5. 《习近平新时代中国特色社会主义思想学生读本》由道德与法治教师主讲，内容在道德与法治课、班队课、地方课程、校本课程中统筹安排，平均每周 1 课时。

6. 人工智能课、心理健康教育课在地方课程、校本课程中统筹安排，平均每两周 1 课时。

7. 书法在三至六年级语文课程中统筹安排，每周 1 课时。

8. 专题教育以渗透为主，原则上不独立设课。

三、课程实施与评价建议

根据以上情况，各教研组在落实国家课程的过程中，要依据学校学情进行课堂教学变革。教师需要转变教学观念，在课堂教学中以学生为中心，重视学习历程中"真学习"的发生。通过学生的主动学习，培养学生的学科思维，提升学生学科核心素养。同时要构建评价体系，帮助教师、学生监控学习进程，通过评价为学生的学习"精确导航"。

（一）有效实施国家课程

在落实国家课程中，要贯彻五育并举、德育为先的要求，落实立德树人根本任务；要坚持给学生提供多元的学习经历，通过实践活动，促进学生核心素养的发展；在教学实施中，要以学历案为抓手，提升课程实施质量。

1. 编写课程纲要

教师依据学科课程标准、教材，以及学校原有基础与特色、学情，编写该学科学期课程纲要。

课程纲要的编写以学科备课组为单位，备课组教师共同研讨拟定。在课程纲要编写中要体现对学生核心素养的培养，充分考虑年级学生特点、国家课程要求、学科特点，对学期学习计划进行周密安排，将学生核心素养分解落实到每一单元的学习目标中。同时每年随着教师的轮换，不同教师可以在原备课组的基础上对课程纲要进行修订提升，从而达到不断完善、提升的目的。

2. 实施教学改革

(1) 以学历案为抓手,进行课堂教学改革

通过实施"教—学—评"一体化的学历案,将课堂上的"真学习"还给学生。学生通过主动发现问题——研究问题——解决问题的学习方式,亲历学习的过程,以此达到提升课堂教学有效性的目的。通过感受学习成功的喜悦,激发学生学习兴趣,使其成为"能学"的精艺少年。

(2) 学习评价的改革

一是在课堂中积极开展促进学习的评价,让评价伴随学生的学习过程。在学生了解自身学习目标的基础上,通过学习评价让师生实时了解目前的学习状态,及时调整课堂学习进程。让学习评价成为学生学习的"导航仪"。

二是进行学习评价表的设计研究。学历案中的评价表是让学生了解自己学习效果的重要工具,但是教师们对于评价表的设计还比较陌生,对于评价结果的使用也比较不熟悉。要通过不断地研究、实践、改进,设计好、使用好评价表。以此促进学习评价从过去套路型、经验型向以目标为导向、师生共同参与的方向转变。只有学习评价发生了根本的变化,我们的课堂才能发生根本的变化。

三是设计多种方式对学生的学习效果进行检测。随着国家"双减"政策的落实,小学一二年级没有纸笔期末测试,三至六年级每学期只有一次期末测试。学校需要研发过程性评价与结果性评价相结合的学科测评方式,通过课堂学习、作业完成、学科活动等方面综合测评学生的学习成果。

(3) 教学方式的改革

《义务教育课程方案和课程标准(2022年版)》强调"加强课程综合,注重关联",要求"加强课程内容与学生经验、社会生活的联系,强化学科内知识整合,统筹设计综合课程和跨学科主题学习","各门课程用不少于10%的课时设计跨学科主题学习"。学校目前已将主题项目式学习引入综合实践活动课程中,并取得了一定成效,如何将这种学习方式引入学校其他课程中去,将信息技术、劳动、艺术等课程整合实施,以更好地培养学生"博采众长、思考践行"的学习素养,需要通过实践不断探索。

(4) 作业设计

学校严格落实国家"双减"政策,积极开展作业设计与实施研究。先后制定《广州市天河区前进小学教学管理规程》《广州市天河区前进小学作业管理实施细则》《广州市天河区前进小学睡眠管理制度》《广州市天河区前进小学体质健康管理制度》等一系

列规章制度,确保学生每日作业量不超标,除书面作业外加入体育锻炼、家务劳动等。

学校将着重研究如何提升课后作业的层次性、趣味性、综合性。力求通过将高效的课堂学习与适度的课后练习相结合,达到最好的学习质量,实现轻负提效的教育理想。

3. 探索"综合实践活动周"课程建设

学校之前已经尝试将每周的综合实践活动课程整合集中,实行综合实践活动周课程计划。每个年级制定综合实践活动主题,学生进行跨学科、主题项目式学习。在学习中学生需要综合运用多学科知识,完成各项学习任务。该周还将安排一天的研学活动,将学习拓展到校外。这样集中的综合实践活动对于学生的能力提升、思维训练会更加有帮助。学生通过动脑又动手获得能力的提升,培养学生"博采众长、思考践行"的学习素养。目前看来,这种探索是符合2022版课程方案精神的,学校下一步要继续研究如何将"综合实践活动周"进一步开展好,让综合实践活动课程有特色、高质量,成为培养学生核心素养的有力抓手。

(二) 合理开发校本课程

根据学校实际情况进行校本课程的开发,让校本课程成为国家、地方课程的有力补充,促进学生的全面发展。

目前学校校本课程分为德礼课程、博学课程、精艺课程三大类。在开发过程中,一是要对已有课程进行评估、改进,以使其适应学生的学情;二是要根据学生的实际需求进行新课程的开发,既不能一味地追求科目的数量,也不能让无效的课程存在于校园之中。

1. 德礼课程

德礼课程是在"立德立礼"理念引领下,针对学校学生实际情况开设的课程群,是对国家德育课程的补充。课程包括:我是小学生、文明礼仪、心理健康、正面教育班会等。

2. 博学课程

博学课程是在"博学精艺"理念引领下,帮助学生拓展学习广度的课程群,是对国家课程的拓展。课程包括:大阅读课程、安全演练课程、主题项目课程、研学课程等。

3. 精艺课程

精艺课程是在"博学精艺"理念引领下,帮助学生拓展学习深度的课程群,是对国家课程的深化。课程包括:足球、跳绳、口风琴、音乐、舞蹈、版画等。

（三）开展好重大特色教育活动

学校读书节、艺术节、科技节、体育节是学校传统大型活动。每学期各开展两个节日活动。每个节日活动在内容上都有不同侧重，同时又体现学科融合特点。学校力图将这四个节日活动办"精"办"特"，让学生在节日活动创设的真实情境中动手动脑、探究实践，实现综合素养的提升。

（四）同步推进课程评价

以学生的多元发展为指向，探索提高课程实施有效性的综合评价机制。关注真实学习的发生，关注学科思维的训练，关注学科素养的培养。

1. 教学评价

开展课堂观察研究，设计多种课堂观察量表，帮助教师改进课堂教学实施。让课堂教学评价向多视角、精确化的评价方向转变。重点关注学习目标达成度，学生学科思维训练和学科素养的培养。

2. 学习评价

（1）对国家课程学习的评价

一是完善学校各学科过程性评价方案。注重学生学习习惯、学科素养的养成；二是以《学生成长手册》的记录为依据，通过自评、小组评、家长评和教师评的方式，对学生进行综合表现评价；三是以天河区期末学业水平等级评价为依据，实行综合素质等级评价。

以上三方面评价力求做到"三重"：重核心素养、重过程表现、重进步提升，让每个学生找到闪光点、成长点。将"精艺成长银行"作为学生表现性评价的重要工具，提升学生参与的兴趣。

（2）对地方课程和校本课程学习的评价

一是集体评价。对于在各类课程中表现突出的班级给予各类奖杯、锦旗、奖状等表彰。

二是个体评价。继续完善《前进小学精艺之星评选方案》，每学年开展一次"精艺之星"评选活动。获评"精艺之星"的学生可以获得在学校宣传栏、微信公众号等多平台展示的机会。

（3）"精艺成长银行"评价工具打造

为了促进学生达成学校的培养目标，学校改变以往的评价方式，将表现性评价和过程性评价相结合，定量和定性相结合，打造出"精艺成长银行"评价工具。

3. 方案评价

在每学期初,课程研发部组织教师撰写学期课程纲要、学历案等文本;学期中段,教导处对各门课程进行阶段性检查;学期末进行课程评价。内容包括教师方案撰写的规范性、课程实施的有效性、学生对课程的满意度调查等。

四、保障措施

(一) 组织保障

为了保障学校课程规划的顺利实施,学校行政管理团队组建课程研发部、教师发展部,与学校教导处、总务处共同作为规划落实的组织保障。

1. 课程研发部负责课程规划、课程开发。指导教研组、跨学科组、项目组和年级组校本化实施国家课程,开发特色校本课程。聘请专家作为学校课程研发部成员,就课程规划、实施、评价等决策进行咨询和审议,确保课程规划的科学性、合理性、合规性,保证其可操作、可达成。

2. 教师发展部负责学校重大教育科研项目、教改探索、教科研成果的推广,以及校本研修和教师培训。

3. 教导处负责学校课程规划落实的具体事务,包括国家(地方)课程的校本化实施、地方课程的校本化实施、课表编排、学历案设计、课堂观测量表的研制、课堂监测与评价工具的开发与实施、家长课程资源的整合与利用。

4. 总务处为学校教育、教学及管理提供全方位的设施、设备、资源、技术等保障。

(二) 制度保障

由学校课程规划领导小组对课程开发、实施和评价进行管理。

1. 强化课程管理机制

一是组建课程研发部。从国家要求、学生需求、家长期待等方面收集证据与数据进行分析,为课程的开发提供依据。

二是做好课程的更新迭代工作。课程发展是一个动态实施过程,课程研发部需要定期对现有课程进行审视,指导教师进行课程更新。同时对于教师研发的校本课程进行审核,审核通过后教师才能进行课程教学。

2. 完善教研机制

在学校原有教研制度的基础上,不断更新教研机制以适应课程建设的形势变化。

学科组采用学科组长负责制,跨学科主题课程采用年级组长负责制。通过常规教研、主题研讨、专家引领等方式带领教师打磨学历案,精研教学策略,改进教学技巧。

3. 制定奖教评优机制

制定各类激励考核制度,鼓励教师课程开发与实施的过程性参与,将其纳入教师期末绩效考核、职称晋升和评优评先等。

(三)资源保障

1. 课程资源开发

充分挖掘并有效利用校内和社区现有的课程资源,加强校际合作,努力实现联合开发,资源共享。充分发挥家长委员会的作用,加强家长学校的建设,发动家长共同参与到学校课程改革中来,营造良好的办学氛围。

2. 教学资源开发

努力建设各类功能场室、教学平台等硬件设施。建设校园智能图书馆,为学生提供更多的书籍及便利的借阅条件。积极进行校内外实践基地建设,为学生学习提供更广泛的空间。

3. 信息化资源开发

继续加强数字化校园建设,建设各类信息化平台,充分发挥信息技术的优势,为课程实施提供丰富多彩的资源,促进信息技术与学科课程的整合。

(编者:刘剑勇、黄颖婷、李淑娟、杜芳)

广州市天河区前进小学课程实施方案点评

　　前进小学课程实施方案以教育部、广东省教育厅、广州市相关重要文件为依据，以落实立德树人为根本任务，围绕"立德立礼、博学精艺"的校训，将党的教育总方针和本校传统与优势以及学生家长的现实需求相结合，最大化地促进了学生核心素养的发展。

　　第一，学校准确地分析了课程发展经验与基础。通过对地理环境、组织制度、教师资源、学生情况和课程资源五个层面的描述和分析，在充分了解学生与社区课程需求的基础上，学校为课程建设，尤其是校本课程建设提供了全方位的规划背景，做好了坚实的前期准备工作。

　　第二，学校提出了具有特色的学校愿景及毕业生形象。学校重视学生的道德修养、多元学习体验及兴趣爱好和特长，提出了"立德立礼、博学精艺"的学校愿景，也从课程体系建构的角度出发，提出了实现此愿景的途径和方法，既具有理论高度，也有很强的可操作性。另外，学校所凝练的毕业生形象与学校愿景相得益彰。通过对"守礼、有爱、能学、会玩"的内涵诠释体现出学校坚持为党育人、为国育才所进行的思考和做出的努力。

　　第三，学校设置了有利于学生核心素养发展的课程系统。虽然与其他小学一样，前进小学课程由国家课程、地方课程和校本课程三类课程组成，但前进小学的校本课程设置独具匠心，下设德礼课程、博学课程与精艺课程。三类课程分别在顶层理念的指导下，针对德育、知识能力和体育艺术等不同领域进行了全面深入的拓展。这不仅与学校愿景和毕业生形象的理念相辅相成，也对国家课程进行了必要的补充。课程的设置顺应了学生的认知发展特点和情感情绪发展需求。举例来说，精艺课程中的书法和中草药栽培等课程有助于增强全体师生的文化自信；德礼课程中的心理健康团辅课与时俱进，能够针对当今时代集中凸显的社会问题和现象对学生进行相应的教育。

　　第四，学校进行了有效的教学评价改革。前进小学实施了促进学习的课堂评价，让评价融入学生的学习过程；也逐渐推进课堂评价表的使用。这些改革措施体现了以学生为中心，以素养为导向的表现性评价的核心理念和思想。

（点评：王哲）

09

巧于创造　乐于成长
——广州华阳教育集团侨乐小学课程实施方案

为了贯彻党和国家的教育方针与习近平总书记关于教育的系列论述和指示批示精神，以及党中央、国务院关于教育工作的系列文件要求，落实立德树人根本任务，依据《义务教育课程方案（2022年版）》《广东省义务教育阶段课程实施办法（试行）》，侨乐小学坚持以德为先、能力为重、全面发展，坚持面向人人、因材施教、知行合一，努力培养德智体美劳全面发展的社会主义建设者和接班人，让学生争做"有理想、有本领、有担当"的时代新人，以此指导学校结合实际进行课程建设、开展教育教学活动。

一、背景与依据

（一）学校传统与优势

侨乐小学创办于2000年9月，2017年9月开办新校区。两校区总占地面积8 864平方米，建筑面积10 674平方米；现有38个教学班，教师99人，学生1 604人，生均占地约5.5平方米。学校活动场地有限，体育大课间和活动课程等需要统筹规划、分时段安排。学校因地制宜，办学理念和育人目标得到了师生、家长、社区的广泛认可。

建校以来，侨乐小学以"创多样　求巧学　育乐童"为办学宗旨，开拓创新，不断提升办学效益；2013年提出了"巧随童需　乐焕童彩"的办学理念，2017年明确提出以"巧乐教育"为办学特色，并获评"天河区特色学校"。2018年9月，侨乐小学成为广州华阳教育集团成员校。作为华阳教育集团成员校，可以共享许多优质的教育资源；学校所在的街道司法所近几年一直协助学校法治教育课程的开设；作为区课程与教学改革"种子校"和区立志教育联盟成员校，学校得到了专家团队的深入指导。学校教师平均年龄不到35岁,队伍结构较为合理,教师团结、好学、实干、担当,有市、区名师、骨干教师、骨干班主任21人。

学校立足学生实际,提倡"五育并举",开发并不断完善"巧乐"课程体系,注重德育实践和学生主体作用的发挥,初步实现序列化、专题化、多元化发展;学校活动平台较为丰富,能为学生提供多样的参与机会,学生发展呈现出一种积极向上的良好态势。

(二) 课程发展经验与基础

学校通过课程问卷调查发现,学生和家长对国家课程实施的满意度均超过了95%;对学校前期开展的"巧志""巧礼""巧法""巧阅""巧健""巧艺""巧能"课程,学生和家长的总体认可度很高。其中,学生认为最有趣的校本课程是"巧健课程"中的篮球、足球,"巧创课程"中的科技模型和"巧艺课程"中的合唱;印象最深的学校活动分别是春秋季研学活动、科技节、体育节、入学礼、巧能日、美育节和读书节活动。

(三) 学生与社区课程需求

学生期待学校增设的课程有编程、乐器、羽毛球等,60%以上的家长建议学校开设以下相关课程:"学习方法""承受挫折的心理素质""创新精神与能力""生活技能"和"经典与阅读"。

根据学生和家长的课程期待,结合学校对口的广州市第七十五中学和所在社区提出希望进一步加强学生的自信心、组织管理能力、文明礼仪等素养的建议,后期学校将对校本课程进行整合优化,一方面满足学生发展需要,另一方面以目标为导向,努力激活每个学生内在的学习动力和学习能力。

(四) 学校教育哲学

1. 学校愿景、使命:

承继学校"巧随童需　乐焕童彩"的办学理念,基于学生、教师、家长、社区多方调研论证,我们共同致力于将侨乐小学建成一个巧于创造、乐于成长的"巧乐园":

- 相信、激发每一位儿童的发展潜能;
- 点燃、凝聚教师团队的成长动力;
- 共建一个巧于创造、乐于成长的"巧乐共同体"。

并为之努力做到:

(1) 做学生为学、为事、为人的示范,建求真、尚善、向美的校园;

(2) 激发儿童的内在动力和潜能,享受学习之快乐和创造之幸福;

(3) 优化学校课程设计与实施,构建素养导向"巧乐课堂"新样态;

(4)建立与家庭、社会的积极伙伴关系,形成"巧乐"育人共同体。

2. 毕业生形象:

落实国家在《义务教育课程方案和课程标准(2022版)》中明确规定的培养目标,为培养德智体美劳全面发展的社会主义建设者和接班人奠定基础,培养有理想、有本领、有担当的时代新人,并结合"巧乐教育"办学特色,培养"巧于心、乐于形、志于行的'巧乐童'"。

巧于心:好学乐问、求真尚美、创意实践。

乐于形:热爱运动、身体健康、阳光自信。

志于行:志向高远、自律向上、行为雅正。

二、学校课程计划及说明

(一)课程结构

侨乐小学课程包括国家课程、地方课程与校本课程。国家课程包括道德与法治、语文、数学、英语、体育与健康、艺术(音乐、美术)、科学、信息科技、劳动、综合实践活动。地方课程包括地方综合课程、生涯规划和创新教育,与校本课程整合实施。一至二年级开设英语、写字课程,纳入校本课程课时统筹管理。校本课程设立了"身心健""志行雅""创艺能"3个课程群。国家课程为主导,校本课程为辅助和补充,以促进学生个人的发展来实现总体上的"人的全面发展"。

(二)课程计划

表9-1 侨乐小学课程计划

科目/课程	周课时					
	一	二	三	四	五	六
道德与法治	2	2	2	2	3	3
语文	9	8	7	7	6	6
数学	3	4	4	5	5	5
英语			3	3	3	3
科学	1	1	2	2	2	2

续表

科目/课程	周课时					
	一	二	三	四	五	六
体育与健康	4	4	3	3	3	3
艺术	4	4	3	3	3	3
信息科技			1	1	1	1
身心健课程 志行雅课程 创艺能课程 （整合实施综合实践活动、劳动、班队活动、英语口语、人工智能）	3	3	5	4	4	4
周课时总量	26	26	30	30	30	30

(三) 说明

1. 此计划会按照广州市教育局的最新要求作相应的调整。

2. 每学年新授课时间按 35 周计算。每课时 40 分钟。

3. 道德与法治：将《习近平新时代中国特色社会主义思想学生读本》作为必修内容，一至六年级平均每周 1 课时，与道德与法治课、班会课统筹安排课时。

4. 体育与健康：一至二年级每周 4 课时；三至六年级每周 3 课时。每天大课间 30 分钟，若当天没有体育课则额外安排 30 分钟阳光体锻活动，保证学生每天 1 小时校内体育锻炼时间。

5. 班队活动：一至六年级每周 1 课时，与道德与法治、劳动、综合实践活动、校本课程等整合实施。

6. "巧艺"书法：一、二年级每周安排 1 课时"硬笔习字"，纳入校本课程和地方课程课时统筹管理。三至六年级在语文中每周安排 1 课时的"软笔书法"。

7. 校本课程设立"身心健""志行雅""创艺能"三个课程群。一至六年级每两周 1 节心理健康辅导课；一二年级与综合实践活动、劳动、班队活动融合英语口语整合实施，三至六年级与综合实践活动、劳动等整合实施，确保劳动、综合实践活动每周 1 课时；一年级开展象棋、围棋课程。

三、课程实施与评价建议

(一) 高质量实施国家课程

1. 全面渗透"立志教育",始终坚持立德树人

充分发挥课堂教学在教书育人中的主渠道作用,对标"巧于心、乐于形、志于行"的培养目标,在推进国家课程校本化实施的过程中,融入新时代课程思政理念,形成全程、全课程育人格局,全面落实立德树人根本任务。

2. 做好课程纲要编制,整体规划学期学习

以学期课程纲要研制为抓手,提升课程领导力和课程实施质量。国家课程依据国家课程标准、教材与学情,制定学期课程纲要。各学科组基于学校育人目标和各学科课程标准,对学科发展理念、主要目标、行动路径和保障措施做系统规划,促进师生素养整体提升,逐步形成学科特色。各教研组编制单元教学设计、学历案等系列文本。

3. 强化学科实践,变革育人方式

各学科结合实际情况,突出核心素养,强化学科实践:道德与法治以戏剧教学为抓手,在体验、探究与实践中实现道德内化与生成;语文尝试"大单元教学",以"大情境""大阅读""大表达"推进,将语言文字运用与生活和实践相链接;数学注重"讲思结合",采取课中讲演、课后讲解、错题分析的方式让思维外显,构建"看得见、讲得清、用得上"的"巧乐数学";英语开展基于主题意义的大单元整体教学,通过"以演促学""以续促学""E+X"等课题的引领,构建"悦读乐演、巧思活用"的英语学习新样态;艺术以"趣"与"美"切入,利用"课内+课外"联动模式,将课堂教学、兴趣活动和校内外展示与运用相结合;体育积极探索"教会、勤练、常赛"的教学新模式;科学、综合实践、信息技术以问题为导向,注重引导学生体验动手操作、科学探究、解决问题的过程。积极探索各学科的相互融合,让学生学习更有着力点和生长点。

4. 聚焦"学历案",构建"巧乐课堂"

积极推进课程与教学改革,以"学历案"为抓手,以生为本,以学为中心,开展"大单元教学",构建"巧乐课堂",推进"教学评一致"的课程有效实施。

教师为学生的好学而教,通过教师的"巧教乐教",实现学生的"巧学乐学",巧教乐学,教学相长,促进学与教的方式不断优化。"巧乐课堂"努力体现"四激一好"的特征。"四激"包括(1)激活兴趣;(2)激活情感;(3)激活思维;(4)激活链接(与学生经验的链

接,与真实生活的链接,与他人的链接,与阅读的链接)。"一好"是习惯好。

5. 积极探索作业改革,优化作业设计

各学科组根据学科特点探索单元整体作业、基础作业、拓展作业、分层作业、弹性作业、跨学科作业、长作业的设计,提高作业的针对性、有效性、实践性、趣味性和创造性。每月10日为"巧创"作业日,学生根据教学内容和自身兴趣、能力自主设计作业。每月20日为"无书面作业日",鼓励学生进行自主阅读、亲子阅读、体育锻炼和劳动实践。

6. 开发课程资源,建设课程资源库

借助华阳教育集团平台,团队协作建设各学科和年级课程资源,如大单元教学学历案、精品课学历案、优秀作业设计、项目式学习资源等。充分利用现代技术手段,通过与华南师大AI机器人课堂教学研究项目合作等方式,进一步促进信息技术在课程资源开发和"巧乐课堂"构建中的应用。

7. 开设课后托管、第三方课程和学校社团活动

在"双减"政策背景下,将课后服务纳入学校课程管理,每天放学后由学校教师为确有需求的学生提供2学时基础托管服务,指导学生认真完成作业,对学习有困难的学生进行辅导与答疑。积极为学有余力的学生拓展学习空间,开设班级特色课程、各类社团活动,或由第三方机构开设科技、文体、艺术、劳动等个性化服务课程,为学生提供丰富的选择,促进学生全面、个性化的发展。

(二) 合理开发与整合实施校本课程

校本课程依据学校育人目标编制学期课程纲要,并在实践基础上进一步完善各阶段课程内容序列、课时安排和实施路径。学校定期邀请专家对学期课程纲要进行论证,促进学校课程纲要编制过程制度化和专业化。

1. 限定选修课程

限定选修课程由学校根据实际情况和育人目标开设,所有学生选修,主要包括"身心健"课程群、"志行雅"课程群、"创艺能"课程群。

"身心健"课程群包括"巧健课程"和"巧悦课程"。课程目标是让学生在体育锻炼中享受乐趣、增强体质、健全人格、锤炼意志,掌握1至2项适合终身运动的体育技能,身心健康、阳光自信。一至六年级每周1课时的"巧健课程"开展阳光体锻活动及"挑战季项目"序列活动;每学年开展一次"体育节"活动;一至六年级每两周1节心理健康辅导课;每学年举办一次"心育节"活动。

"志行雅"课程群包括"巧志课程""巧礼课程""巧法课程"。"巧志课程"的目标是基于"个人＋社会＋国家"的三维观照视角,既引导学生树立远大志向,也指导和引领其日常行为("知行合一");"巧礼课程"的目标是引导学生养成良好的礼仪和行为习惯,其中一二年级做好小幼衔接,"扣好人生第一粒扣子";"巧法课程"的目标是引导学生从小学法、遵法、守法,树立法治意识,提升法治素养。"巧志""巧礼""巧法"课程与各年级综合实践活动、班队会等整合实施。

"创艺能"课程群包括"巧阅课程""巧创课程""巧艺课程"和"巧能课程"。"巧阅课程"的目标是引导学生养成热爱阅读、坚持阅读、乐于表达的态度、习惯和能力;"巧创课程"的目标是引导学生养成乐于学习、合作、探究的意识,提升学生基于真实情境、融合多学科内容解决问题的能力;"巧艺课程"的目标是提升学生的审美素养、陶冶情操、温润心灵,激发其创新创造活力;"巧能课程"(劳动)的目标是引导学生树立正确的劳动观念,具备必备的劳动能力,培育积极的劳动精神,养成良好的劳动习惯和品质。该课程群与综合实践活动、劳动课程整合实施,各年级至少开展一次跨学科主题式学习;社会实践、劳动、综合实践活动每周均不少于1课时;一、二年级开设英语口语,与年级跨学科主题式学习融合实施;一年级开设"巧创"象棋、围棋课程。

2. 自主选修课程

自主选修课程由学校根据学生多样化的需求设立,学生自主选择,并在教师指导下学习。主要由学校整合第三方课程资源,开设多门类体育、美育、科创类兴趣课程和专项社团,采取自愿报名、自主加入的方式,旨在激发学生学习动力,发展学生个性特长。此外,结合学校丰富多彩的节庆活动,各年级、各班可通过认领方式承担活动部分项目,学生可自主选择参加。在认领和参与中,提升学生的主动意识、学习能力、协调能力和综合素质。两校区设立"巧艺秀""巧艺绘"展示平台,月月有主题,周周有展示,给予学生充分展示自我成长的平台。

(三) 自主开展特色教育活动

1. "立志巧乐童"宣讲台

设立"立志巧乐童"宣讲台,结合每周一升旗仪式国旗下讲话活动,由心有远志、笃志前行的优秀"巧乐童"代表面向全校师生分享自己的立志故事和立志行动,将个人发展和社会、国家相关联,表达立志决心。

2. "立志"三礼

结合立志教育,一年级开展"入学礼",四年级开展"成长礼",六年级开展"毕业礼"

活动。

3. "巧乐"五节

学校结合立志教育,每学年四月开展"悦读吧！'巧阅童'"书香节系列活动；五月开展"出彩吧！'巧艺童'"美育节系列活动和"灿烂吧！'巧悦童'"心育节系列活动；十月开展"奔跑吧！'巧健童'"体育节系列活动；十一月开展"挑战吧！'巧创童'"科技节系列活动。

(四) 课程评价

1. 学习评价

(1) 对国家课程学习的评价。包括过程性评价和终结性评价,在《学生成长手册》上以平时表现为依据,通过自评、小组评、家长评和教师评等方式,呈现每月过程性评价；以天河区教师发展中心组织的期末测试成绩为依据(一、二年级以项目式学习综合表现为参考),结合过程性评价,实行A、B、C、D四级综合素质评价。完善《"巧乐课堂"各学科学习指南》,开展"巧学星"系列评选活动。以上评价力求做到"三重"：重核心素养(尤其是思维能力)、重过程表现、重进步提升,让每个学生找到闪光点、成长点。

(2) 对"巧乐课程"学习的评价。学校在组织实施评价的过程中,根据各项评比细则,采取学生自评、同伴互评、任课老师评价、班主任评价、学校评价等方式定期评选"立志巧乐童"(即"全面发展'巧乐童'")和"巧学星""巧进星""巧礼星""巧创星""巧阅星""巧健星""巧艺星""巧能星"若干名。少先队结合《巧乐童 乐争星——"巧乐"一日常规评价表》,开展"巧乐班"系列评价。

2. 教学评价

以学校《"巧乐课堂"评价标准》为指引,通过年级调研、学生反馈、课例研讨、课堂观察、专家评价等方式,以国家义务教育质量检测和广州市阳光学业测评数据为参考,促进国家课程校本化实施质量不断提升,落实"教—学—评"一致性原则。有关"巧乐课程"评价,则通过学生反馈、问卷调查、平台展示、交流分享等方式推动课程建设向深处、实处发展。

3. 方案评价

每学期初各学科组织教师撰写学期课程纲要,通过对课程文本的审议、交流和指导,提升教师方案撰写的规范性和方案内容的科学性。各学科于学期初、学期中、学期末分别召开一次课程纲要实施交流会,对各学科学期课程纲要实施情况进行阶段性反馈和评价,以课程方案评价促进课程调适与迭代。组织开展优秀单元学历案设计、优秀单元作业设计等评选活动，形成优秀课程文本范式，逐步丰富学校课程资源。

四、保障措施

（一）组织保障

学校将行政管理团队组建为四大部门，分别为校务部（含后勤与安保）、德育与学生部、课程与教学部、培训与教师部，共同推进课程实施工作。课程与教学部作为由学校行政、种子教师、家委代表和校外专家组成的学校课程委员会的秘书处，总体负责学校课程和教学工作的整体规划。同时也是学校重要职能部门，直接负责国家课程的校本化实施，"身心健""创艺能"课程中的"巧健课程"和"巧创课程"的实施和评价。"身心健""志行雅"和"创艺能"课程中的"巧悦课程""巧志课程""巧礼课程""巧法课程""巧艺课程"和"巧能课程"的课程实施与评价由德育与学生部具体负责。成立三个教学核心团队，分别为课程纲要核心团队、单元学历案核心团队、课堂观察核心团队，以及两个德育核心团队，分别为"巧乐"班主任核心团队和"巧悦"心育核心团队，通过自主报名及学校遴选招募种子教师，推进"校本研修"，提升教师教学能力和教研水平，确保课程高质量实施。

（二）制度保障

1. 学科教研保障

组建全体行政、学科组长、年级长和"种子教师"为主体的核心团队，先学先试，带领年级部分老师组成先行研究小组，撰写并实施学历案；利用各学科组教研活动，聚焦基于学历案课堂教学的"教学评一致性"研讨，推动课堂教学的变革。

2. 教师培训保障

由培训与教师部具体负责推进"巧乐优师"队伍的建设工作。通过优化培训机制，更新教师教育观念，提升教师课程设计和实施能力，建立教师研究成果展示与分享平台；实施教师"青蓝工程"，为年轻教师专业发展提供系统性、针对性的引领和支持；打造一支涵盖各学科的"种子教师"队伍，引导教师主动成长；深入推进教师"巧阅读书会"活动，帮助教师开阔视野，在学习和交流中提升专业素养；进一步优化教师评价体系，打造一支巧于创造、乐于成长的"巧乐优师团队"。

3. 课程建设机制保障

（1）课题引领机制：各学科结合在研的课题项目，对照课程标准和学生实际，专题引领、突出重点,加大学习和研讨力度,促使教师深层次的理论学习、策略探索和行动改进,提升教师研究能力和学生核心素养。

(2) 课程研讨机制:采用"请进来"与"走出去"相结合的方式,每学期至少安排两次课程核心团队培训,不断学习国内外课改的先进理念和实践经验。各课程项目组每月至少进行两次学习、研讨。每学期至少进行两次全校层面的课程学习、研讨活动。每学期至少两次邀请专家来校指导,针对课程开发和实施中存在的问题给予指导和帮助。

(3) 课程激励机制:组建各课程项目组负责课程开发,学校为项目组提供一定的经费用于购买书籍、资料;每学年评选一定比例的"巧乐精品课程",并给予奖励。

(三) 资源保障

1. 创建信息化、美观的校园环境

逐步完善学校信息化教学与管理平台建设,争取在办学方面得到上级和周边单位更多的支持。美化校园环境,合理使用校园内各场室和公共区域,营造良好的"巧乐"办学氛围。

2. 丰富和共享课程资源

充分挖掘并有效利用校内和社区现有的课程资源,加强集团内和片区内校际的合作,加强学校与社区、高校的合作,努力实现联合开发、资源共享。合理配置校内资源,提高学校经费的使用效益,为课程的顺利实施做好保障。

3. 构建家校育人共同体

充分发挥家长委员会的作用,加强家长学校的建设,帮助家长进一步理解学校育人目标,提升育儿能力,共同参与到学校课程改革中来。

(编者:申珣、陈丽霞、孙怡、汪垲镇、列海娴)

广州华阳教育集团侨乐小学课程实施方案点评

侨乐小学编制的学校课程实施方案，在总结学校传统与办学优势的基础上，依据义务教育课程方案和课程标准等政策新要求，结合学校的区域和社区特色、家长期望与师生特点，将与校名同音的"巧乐"作为关键词，贯穿学校特色愿景与使命，形成具有侨乐特色的"巧乐"办学理念，由此指导学校的课程与教学工作。

这份课程实施方案既符合学校课程实施方案的专业规范，同时也充分彰显了侨乐小学的学校特色。

第一，全面扎实地分析学校的传统、基础与学生和社区的课程需求。该方案的编制基于多种调研方法和扎实的调研数据，学校在专业团队的指导下，据实据势地进行情况分析。侨乐小学的"巧乐"是建校之初就提出的特色，之后的变革能结合学校的实际空间坐落、师资条件、学生与家长需求进一步完善，在"五育并举"的基础上完善具有学校育人特点的"巧乐"特色。

第二，系统完整地规划与落实国家课程、地方课程与校本课程。该方案根据《义务教育课程方案和课程标准（2022年版）》要求，结合广东省义务教育课程实施办法，凝练毕业生形象，高质量落实国家课程的相关要求，整合地方课程，开设"身心健""志行雅""创艺能"的"巧乐"校本课程，将国家课程、地方课程、校本课程三类课程结构转化为具体的课程计划表，对课程设置的课时安排等操作问题进行清晰说明。"巧乐"校本课程立意明确，将全面而有个性的学生发展结合学校特色，落实在身心、志行、创艺三个方面，在学校课程计划表中有明确而合理的规划，既体现特色的综合性育人方向，又具有实际合理的可操作性。

第三，落实最新教育政策要求，统筹推进课程实施与评价。该方案通盘考虑最新的教育政策要求，综合设计课程实施和评价，引入有效的实施与评价方式，统筹规划且突出重点举措。在课程实施方面，要件完备，重在实效，实施过程能逐层嵌套，从整体规划学期学习，到整体规划学科发展，再到整体规划课堂、作业与相应资源建设。层级重点明确，环环相扣推进，每层重点突出，既发挥课程空间的灵活性、配合学校特色，又能紧扣国家方案的育人目标，措施明确可行。课程实施方案也充分考虑落实最新的

"双减"政策的要求,将作业管理、课后服务纳入整体课程实施方案,以"课程化"的方式统筹推进。同时,课程评价与课程实施双线并进,双线互证。课程评价设计包括课程方案评价、课程实施评价,具体的评价以多种方式开展。课程实施评价关注了学习评价,区分国家课程与校本巧乐课程,采用多元评价的方式促进学生全面而有个性的发展。

第四,制定三面一体的课程实施保障措施。该方案的保障措施紧扣学校的课程实施与评价,从组织、制度和资源等角度有分工、有重点地保障课程方案落实。保障目标指向明确、责任范畴清晰、措施简明有力。

(点评:刘钧燕、陈霜叶)

10

绘课程蓝图 育和美少年
——广州市天河区天府路小学课程实施方案

为深入贯彻落实习近平新时代中国特色社会主义思想和习近平总书记关于教育的重要论述精神，依据党中央、国务院关于教育工作的系列文件要求，学校依据教育部颁布的《义务教育课程方案(2022年版)》和广东省教育厅下发的《广东省义务教育阶段课程实施办法(试行)》编制学校课程实施方案。

一、背景与依据

(一) 学校传统与优势

天府路小学开办于2004年9月，2010年确立"和美教育"的办学哲学，提出"美人之美，和而不同"办学理念，并将学校育人目标确定为培养"四美八星好少年"。

2014年，天府路小学创建广州市义务教育阶段特色学校，基于课程发展新样态，其课程目标确定为"课程和美，群星璀璨"，同时提出"让每个学生成为闪亮的星"，寓意学生犹如苍穹的繁星，相互辉映，美美与共。其间学校成功打造"天府吉尼斯""篮球嘉年华"和"书香艺术节""天府科技节"等活动课程。

2018年初，学校顺应时代对教育的需要，开始寻找整合实施课程的新路径，探索跨学科主题课程，旨在培养学生的科学精神、创新能力和批判性思维。同年10月，跨学科主题课程在六个年级全面铺开。迄今为止，跨学科主题课程已经经历四个学年，实现八次升级迭代。

(二) 学校当前课程规划SWOT分析

基于对学校课程的发展现状所做的SWOT分析，与学校课程有关的环境、师资、生源质量、资源及课程基础状况如下：

1. 学校地处广州市天河区核心地带。现有两个校区和一个教学点，其中东方校区占地8 000平方米，翠湖校区占地6 500平方米，共有92个教学班，学生总人数3 989人，属于超大规模学校。

2. 学校各学科教师配备合理，能满足各学科的教学开展。现有教师219名，平均年龄约34.1岁。作为天河区与华东师范大学课程与教学研究所合作项目的种子学校和天河区正面教育校际联盟牵头学校，学校可为教师的专业成长提供更多的学习机会和展示平台。

3. 学生家庭条件优越，视野开阔、兴趣广泛。经问卷调查，94.6%的学生喜欢活动课程，78.53%的学生曾参与课后个性化兴趣活动，数据反馈学生对跨学科、走班制、项目式、小组合作、动手探究、主题研学以及线上线下混合等学习方式表现出较高兴趣。

4. 学校周边课程资源丰富。总面积达到70.7公顷的天河公园、天河区图书馆华港分馆以及大型购物超市，可为学生的学科及社会实践活动提供场地。

但学校周边不断增加的住宅小区给学校学位带来挑战。近几年，为了满足地段生入读问题，学校连年扩班，从而导致学生活动场地、专用教室不足，环境局促，生均面积不达标。同时，学校办学规模剧增使得新教师队伍扩大，培训压力大，且编外聘用制教师比例达到31%，教师队伍不稳定，流动性大。局促的办学环境和不稳定的教师队伍，导致学生对高品质个性化课程的追求与学校课程开设受限之间产生巨大矛盾。

（三）学校教育哲学

天府路小学围绕立德树人根本任务，坚持为党育人、为国育才的办学宗旨；继续秉承"美人之美，和而不同"的办学理念，厚植家国情怀，践行五育并举；培养具有"追梦人、创学者、和雅君"特质的和美小学生；把学校创办为具有影响力的广东省名校。

具体来说，天府路小学将着力于以下四个方面的探索：优化学校课程结构，完善学校教学模式，促进学校课程朝着主题化、系列化、多元化方向发展，实现课程整体升级；促进学校课堂转型，以学习为中心，打造和美课堂新样态；构建教师学习成长共同体，培育各学科课程骨干，更新教师课程观，提升教师队伍整体活力；探索学校、家庭和社会协同育人机制，建立健全多元的学生评价体系，建设积极和谐民主的教育生态。

天府路小学以"美人之美，和而不同"为办学理念，促进每一位学生在各美其美、美人之美、美美与共的携手实践中实现健康成长，成为具有"追梦人、创学者、和雅君"特质的新时代和美小学生。

表 10-1　天府路小学毕业生形象的具体指向

育人目标	具体指向
追梦人	厚植家国情怀，成为有理想、有担当、意志坚、有爱心的先锋少年
创学者	发展学习能力，成为勤思考、敢质疑、爱探究、善合作的创新少年
和雅君	提升气质修养，成为身心健、志趣雅、爱劳动、宽待人的阳光少年

二、学校课程计划及说明

（一）学校课程计划

天府路小学学校课程包括国家课程、地方课程与校本课程。国家课程包括道德与法治、语文、数学、英语、科学、体育与健康、信息科技、艺术、综合实践活动、劳动等。地方课程包括地方综合课程、生涯规划和创新教育三门课程。校本课程由学科拓展课程、跨学科主题课程组成。具体计划见表 10-2。

表 10-2　天府路小学课程设置及课程安排

科目		各年级平均周课时						备注
		一	二	三	四	五	六	
道德与法治		2	2	2	2	3	3	
语文		9	8	7	7	6	6	三至六年级每周在语文中安排一课时的书法
数学		3	4	4	5	5	5	
英语				3	3	3	3	
科学		1	1	2	2	2	2	
体育与健康		4	4	3	3	3	3	
信息科技				1	1	1	1	
艺术	音乐	2	2	2/1	2/1	2/1	2/1	表中周课时为分数的，分子为该学年第一学期的周课时，分母为该学年第二学期的周课时
	美术	2	2	1/2	1/2	1/2	1/2	
综合实践活动		2	2	2	2	2	2	综合实践活动课程实施包括年级主题课程
劳动								

续表

科目	各年级平均周课时						备注
	一	二	三	四	五	六	
英语口语/心育课程	1	1	1	1	1	1	一至二年级开展英语口语/心育课程；三至六年级开展心育课程/(两类按周依次开)，纳入校本课程课时统筹管理
学科拓展课程			2	1	1	1	
课时	26	26	30	30	30	30	

(二) 说明

1. 此计划会按照广州市教育局的最新要求作相应的调整。

2. 除以上科目外，学校开设了跨学科主题课程，每学期开展十周(共计 20 个课时)以上，其课时与学科课程的跨学科主题学习、综合实践活动等课时统筹使用。

3. 学校还开设了一系列的德育活动，如天府少年说、大队委竞选、校园小主人、国旗小卫士、三典三礼(开学典礼、散学典礼、升旗典礼、入队礼、成长礼、毕业礼)、班会、星空电视台、和美午餐会等，这些活动在周一升旗、午间学习时间进行，或与道德与法治整合开展。

4. 学校课后服务分为由校内教师负责的基础托管和校外第三方机构提供的个性化兴趣活动课程两大类，具体安排见附件1。

三、课程实施与评价建议

(一) 国家课程校本化实施

开齐开足国家规定的各类课程；指向学科核心素养，完善学科课程纲要的编制；以大观念、大任务、大问题、大项目等视角进行单元整合与重构；以学历案为载体，探索以学习为中心的课堂新范式，探索教学评一致性的实施路径。

将在以下四方面重点突破：

1. 注重以学习为中心

打造"挑战-包容-互学"的和美课堂，其课堂的基本流程见图 10-1：

和美课堂强调"以学习为中心"，着力于导学、建构与反馈三个环节。学生基于教

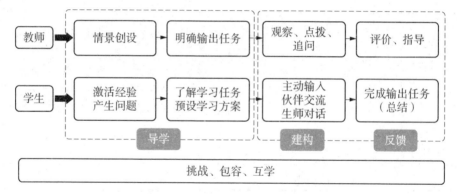

图 10-1 和美课堂教学流程图

师的情景创设,激活经验、产生问题;在教师明确输出任务后,了解学习任务、预设学习方案;学生在教师的观察、点拨和追问下主动输入、师生、生生展开对话交流;学生在教师的评价、指导下完成输出任务。

2. 突出学科实践

各学科运用学科的概念、思想与工具,开展指向学科素养和育人目标的学科实践,强调"实践、认识、再实践、再认识"循环往复、螺旋上升的认识形式,主要着力于以下几个方面:

(1) 基于单元内容,借助学校周边的课程资源,设计真实情境(联系学生生活经验)下的问题解决;

(2) 探索不同学科不同课型(概念课/导学课、探究课、总结拓展课等)的学科实践,总结提炼"做中学、悟中学"在不同课型中的运用策略;

(3) 实施小组学习,优化分组与合作任务设计、小组学习评价;

(4) 强化动手实践,充分利用学校的科学实验室和美术室,分年段分学科开发学科实践类作业,将学科知识与生活实践相结合;搭建课前三分钟、课本剧表演、阅读分享、思维导图创作、才艺展示等实践展示平台。

3. 关注年级差异

一二年级侧重幼小衔接,强调了解与尊重。通过家校联系表、新生入学培训、片区幼儿园毕业生资料收集等多种形式了解学生入学前基本情况,一二年级多采用寓教于乐的参与式、体验式、交流式学习,开发调动学生多元智能的教学活动。

三四年级侧重小组学习,强调弹性分层作业。通过多层面的"小先生"学习机制开发能体现个人特长的科学探究、体育锻炼、艺术欣赏、社会与劳动实践等不同类型的作业,有序安排开放性、研究性、实践性和跨学科作业。

五六年级侧重技术赋能,强调自主学习。教师借助网络平台在课前、课上和课后推送满足个性化学习需要的资源,通过线上＋线下的混合教学予以个别化指导;高年级开设时间管理、资料查询、学习笔记等专项指导,提升学生自主学习能力。

4. 信息技术赋能

学校作为广州市信息化中心校、智慧课堂实验校、人工智能实验校、广州市人工智能助推教师队伍建设试点校、广州市信息技术赋能教学"十百千万"人才培养基地学校和华东师范大学课程与教学研究所主持的"AI＋OMO课堂实验学校",将进一步探究国家课程与信息技术的深度融合,改善教与学的过程,丰富教育信息的表达方式,重组课堂教学结构,优化教学流程,从而实现提质增效,为学生减负。

(二)整合实施跨学科主题课程与学科拓展课程

学校整合使用国家课程、地方课程、校本课程课时,开设了多学科整合的跨学科主题课程和各学科拓展课程,并严格按照文件的要求来安排课时。

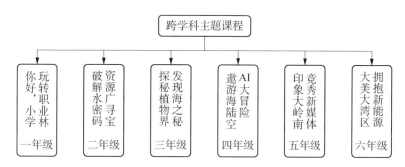

图10-2 天府路小学跨学科主题课程架构图

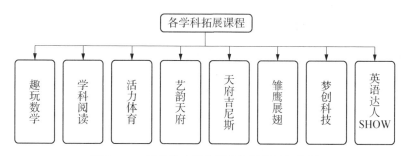

图10-3 天府路小学各学科拓展课程架构图

1. 在跨学科课程实施中,注重让每一位孩子都享受学习方式多样化带来的快乐与丰富。

一二年级实施体验式学习,三四年级实施任务式学习,五六年级实施项目式学习。这三种学习方式都强调自主学习、合作学习、探究学习和知识运用,教师的角色转化为学习活动设计者、学习内容策划者和学习关系构建者。

表10-3 天府路小学跨学科主题课程学习方式

年级	学习方式	学习流程
一二年级	体验式学习	提出问题,运用观念→选择情境,具体体验→调动六感,交流分享→产生意义,物化作品
三四年级	任务式学习	基于情境明确任务→学生实践→分享交流,优化完成任务的思路→二次实践→总结反思,表达观点
五六年级	项目式学习	真实问题引入→项目选题分组→设计规划方案→完善改造方案→实施制作成果→交流展示成果

2. 各学科拓展课程实施部分鼓励学生自我突破。学生每学期根据自身特长及尝试突破方向,按各学科拓展课程指南计划表采用"X+1"形式进行预报名,参与各学科拓展课程。其中"X"为学生原擅长项目,"1"为计划突破挑战自我项目。

(三) 课程评价

学校基于课程结构与实施,突出发展导向,注重过程性评价,关注增值性评价。

1. 学习评价

借助学历案扎实落实课堂上教学评的一致性,采用课程观察、堂上小练、实践操作等方式开展学生学习情况的即时性评价;研究作业设计,探索单元性、综合性、主题性、实践性作业,制定将学生学习过程评价与结果评价有机结合的学业评价制度;重视学生参与主题活动的态度和行为表现,记录学生在活动中探索、思考、展示、创新的情况,评价内容多样化,将研学手册、调查报告、作品成果、各类表扬信、奖状等均纳入评价内容范畴;利用人工智能、大数据等现代信息技术,建立天府学子电子成长档案,记录学生各年级学习情况全过程的纵向评价和考察德智体美劳全要素的横向评价,用新技术收集数据,探索指向学生个体成长的增值性评价。

2. 教学评价

面向教师的教学评价聚焦课堂,教师发展中心依托科组开展新教师亮相课、过关课,资深教师示范课、研讨课,并搭建平台鼓励教师担任校级以上的专题展示课,依据课堂观察的量化表组建观课团队,并基于《天府路小学学历案评价表》(具体见附件2),关注课堂实施的目标、过程、效果,细化课堂教学关键要素,对教师的课堂教学进行诊断、分析、优化和提炼,在其过程中提升教师的课堂质量。

3. 方案评价

关注教师在课程实施过程中形成的各种文案,将其纳入教师教学评价的内容。教师学期课程纲要的评价着力于背景分析的针对性、课程目标的适切性、课程内容的结构化、课程实施的可行性和课程评价的科学性。教师的单元学历案与课时学历案侧重于学生立场、学法指导和学习反思,强调"教—学—评一致性"。教师撰写的学期课程纲要、单元学历案、课时学历案纳入教师学期末绩效评价,并作为档案管理的一项重要内容。

四、保障措施

(一) 组织保障

学校建立"四级双系统"课程运行管理机制,分四个层级落实国家课程,建立两个反馈系统参与、监督、评价课程的实施。第一级是学校课程领导委员会,负责课程规划和整体方案的构建;第二级是学校课程发展中心,负责课程管理和统筹支持;第三级是学科组,负责课程纲要撰写、修改,以及学科课程实施指导;第四级是备课组,负责基于学情完善本学期的课程纲要,带领备课组教师实施课程。反馈系统1由学生代表和校级家委组成,反馈系统2由学生指导中心和教师发展中心组成,双反馈系统均参与观察、收集课程实施中的问题,反馈到课程发展中心。"四级双系统"机制有利于课程实施的优化与迭代。

(二) 制度保障

1. 研修制度

(1) 教师师德师风建设制度

发挥党组织和教师发展中心双辐射作用,坚持把提高教师思想政治素质和职业道德水平放在首要位置,引导教师成长为以德立学、以德育德的新时代好教师。

(2) 校本培训制度

由学校教师发展中心牵头,制定、组织实施校本培训方案和年度计划。通过灵活

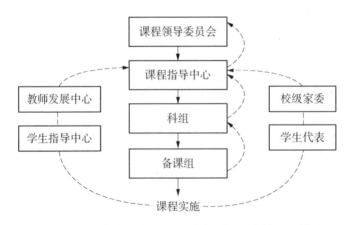

图10-4 天府路小学"四级双系统"课程运行管理机制图

多样、切实可行的方案,对教师实施分层培训。将校本培训组织部门的过程性记录与教师个体完成的《研修手册》作为评价依据,按学年考核,考核情况将作为教师年度考核评优、职务聘任的参考项。

(3) 跨学科主题课程"6＊6＋X"三级教师研修制度

跨学科主题课程"6＊6＋X"三级教师研修着力保障跨学科主题课程的开发、实施与评价,课程发展中心的六位成员的研修聚焦学校课程的整体规划,各年级的课程负责人和核心组人员的研修则聚焦年级课程的目标、内容、实施与评价的具体设计,并通过组织年级老师开展集备研修来保障课程的实施。教师在主题课程中所承担的角色和贡献的大小纳入职称评审和岗位竞聘的细则。

(4) 新教师培训制度

每学年开学前对新教师进行培训,内容包括:学校的办学理念、规章制度;正面教育理念与工具,学科工作思路初步计划;一年级新生培训的准备与参与。通过"教师青蓝工程"、新教师亮相课、过关课(师徒同课异构)、师徒工作坊等方式,全面助力新教师的成长。

2. 听评课制度

学校每学期基于教学改革的重点,分阶段落实课堂教学突破点。围绕各学科核心素养和"教—学—评一致性"组织主题教研,科组内教师依据职务、教龄设置听评课标准。听课时需运用课堂观察表收集相关教学信息,对课堂教学做出有证据的解释和推论。评课按照"授课教师自评-观察者评课-授课教师撰写反思报告"的流程进行,以平等、民主、专业的讨论给予被观察者反馈信息。

3. 作业管理制度

（1）作业的设计与布置

作业评价坚持总量适度原则，设计科学合理，以能够促进学生学习为第一准则。课内外作业的设计要遵循"精、活"的原则，各类型作业（识记类作业、能力训练类作业、动手实践类作业、基于学科实践的综合运用类作业等）比例均衡。一二年级不留任何书面作业，三至六年级每天的作业总量不超过60分钟。全面推广"双举手制度"：三至六年级语数英作业时长超过60分钟时，学生可以举手提醒老师减少作业量；当学生经努力到就寝时间仍未完成作业，家长应督促学生按时就寝，并与教师留言，"举手"申请减免。

（2）作业的批改与讲评

教师作业批改须充分发挥作业功能：掌握典型，分析综合，及时评讲，查缺补漏。批改认真、及时，做到符号清楚，字体端正，批语以鼓励为主，重视作业订正；对于学困生，提倡面批；学校建立作业布置与批改的检查制度，每学期进行四次作业的检查（具体见附件3）。作业布置与批改的检查结果最终纳入教师的绩效考核。

（三）资源保障

从家-校-社三个维度，竭力挖掘校内现有的学习空间、教师专长、科研基础，充分发挥家委会的作用，利用家长丰富的社会资源，加强与社区内科研所、高校、公园、图书馆等单位的联系，保障学校课程资源的丰富性和实效性。

1. 学校层面：与天河区图书馆合作，实现学校图书馆的智能化改造、完成3D教室建设、力争实现5G网络覆盖全校园；借助天河区教育局与华东师范大学课程与教学研究所合作的课程改革项目，以AI+OMO项目为抓手，通过专家指导、学习研究、校内教研和校级交流多种形式，全面提升教师的专业能力。

2. 家长层面：邀请班级家委和校级家委参与学校办学哲学、育人目标、课程规划与学生评价等重大教育教学改革研讨会，将家长的意见作为学校课程开发、实施与评价的参照依据。问卷调查结果显示，学校家长从业各种领域如IT、金融、医疗、科研和高校等，可为学校课程改革提供专家指导、专题讲座、主题论坛以及丰富的职业体验场所等。

3. 社会层面：以学校为圆心向外拓展，梳理五公里内的课程资源，如天河公园、珠江公园、生态环境部华南环境科学研究所、广东省博物馆、天河区图书馆、天河区少年宫等，整理广州市内政策允许的各研学基地。

附件1

广州市天河区天府路小学课后服务

学校课后服务分为由校内教师负责的基础托管和校外第三方机构提供的个性化兴趣活动课程两大类，家长可根据需要选择不同的时段，除周一外，其他四天学校均提供三个时间段的基础托管选择，其具体安排如下：

表1　天府路小学课后服务安排表

星期 课程选项	周一	周二	周三	周四	周五
个性化兴趣活动课程	17:00—18:00	16:30—18:00	16:00—17:30	16:30—18:00	16:30—18:00
基础托管（选项一）	无	16:30—17:10	15:50—17:10	16:30—17:10	16:30—17:10
基础托管（选项二）	17:00—18:00	17:20—18:00	17:20—18:00	17:20—18:00	17:20—18:00
基础托管（选项三）	18:00—18:30	18:00—18:30	18:00—18:30	18:00—18:30	18:00—18:30

学校个性化兴趣活动课程共计57门，涉及语言、艺术、科教、体育四大领域，以学期满意度调查和学生课程需求为基础，为学生提供充足的选择，课程实行动态管理，部分课程承担学校品牌社团和特色项目的梯队培养任务，由本校教师授课，其在表格中用星号标注，具体见下表：

表2　广州市天河区天府路小学课后个性化兴趣活动课程一览表

领域	语言			艺术			科教			体育		
学段	一二年级	三四年级	五六年级	一二年级	三四年级	五六年级	一二年级	三四年级	五六年级	一二年级	三四年级	五六年级
课程名称	多维阅读	多维阅读	毛笔书法	创意美术	创意美术	儿童画美术精品	小小发明家（搭建）	小小发明家（搭建）	航空模型	★篮球基础	★篮球基础	花式足球
	语言表演	语言表演		声乐课	硬笔书法	★声乐合唱	科技模型	小小科学家（生物初级）	创客编程入门	围棋	花式足球	★篮球提高

续　表

领域	语言		艺术			科教			体育		
	经典阅读	毛笔书法	卡通漫画	卡通漫画	★民乐团	小小科学家(生物初级)	航空模型(基础)	创客编程(3D帕拉卡)	羽毛球基础	围棋	羽毛球提高
	硬笔书法	经典阅读	★声乐合唱	儿童画美术精品	卡通漫画	航空模型	创客编程入门	最强大脑"记忆思维"	花式跳绳	★篮球提高	花式跳绳
			尤克里里	★声乐合唱	街舞	创客机器人	创客机器人		足球	羽毛球提高	
			民族舞	尤克里里		3D打印笔	3D打印笔		健身运动操	健身运动操	
			★民乐团	★民乐团		最强大脑"记忆思维"	创客编程(3D帕拉卡)		★武术	花式跳绳	
					街舞	航空模型(基础)	最强大脑"记忆思维"		跆拳道		

附件2

表1　天府路小学学历案评价表

评价项目	评价细目	具 体 标 准
编写理念	学生立场	从学生学习角度编写,学习流程尊重学生认知规律
	深度学习	有学习方法指导,并将学生学习引向深度学习
	教学评融合	有学习指导、学习评价、过程性评价、目标检测任务
	问题引领	问题能够贯穿课堂,且有很强的学科核心性或趣味性

续 表

评价项目	评价细目	具体标准
学评内容	课标要求	课标内容的提示准确到位
	学习目标	学习目标表述准确,符合教材、学情
	评价任务	有明确的评价内容,并与学习目标相匹配
	学法建议	有学习方法指导,并符合学生认知特点和学科内容属性
	学前准备	预习提供情景化的学习资源及学习任务
	学习进阶	有与分解目标相对应的学习进程,有知识的迁移和应用
	过程评价	与目标对应,形式多样,并能促进学习目标的实现
	目标检测	与目标对应,有较高的信度和效度
	课后作业	面向学习目标的巩固、提高和拓宽,有新意或情境化
	学后反思	提示知识的梳理、自我诊断要求及后续学习的铺垫

附件3

表1 天府路小学作业检查评价表

时间	范围	检查内容	评价要点
每学期第4周	每班随机抽查5位同学	学生作业登记簿	学生的作业登记是否完整、工整,三科作业的总量是否合理,低年级教师是否将《学生作业登记簿》作为家校沟通的平台。
每学期第10周	三至六年级每班随机抽查5位同学	语文作业	学科作业的数量、设计、教师批改和学生订正情况。
每学期第11周	三至六年级每班随机抽查5位同学	数学作业	学科作业的数量、设计、教师批改和学生订正情况。
每学期第12周	三至六年级每班随机抽查5位同学	英语作业	学科作业的数量、设计、教师批改和学生订正情况。

(编者:欧阳琪、白杨、裴崇武、王彬、朱阳阳)

广州市天河区天府路小学课程实施方案点评

天府路小学的课程实施方案落实了《义务教育课程方案和课程标准（2022年版）》的实施要求，顺应了广州市和天河区的教育改革发展的方向，体现了学校的办学特色，结合了学生和社会发展的需求，结构完善、理念先进、举措清晰、保障有力，能够对课程育人进行有效地引领。

在学校教育哲学的确立上，学校以"和美教育"为特色，提出了"美人之美，和而不同"的办学理念，以"追梦人、创学者、和雅君"作为学校的育人目标，传承了学校的办学传统，体现了学校的办学特色。在对育人目标的设置上，能够结合义务教育阶段培养目标和新时代核心素养的培育要求，对学校的特色和理念作进一步的凝练和阐述，充分体现了时代性和未来感。在学校办学使命的确立上，能够科学分析学校当前的发展条件和现状，聚焦课程结构的优化、课堂教学的转型、教师共同体的打造和家-校-社协同育人机制的构建，重点清晰，方向明确。

课程设置上，各门课程组织得当、协同育人。学校统筹设计了跨学科主题课程和学科拓展课程，与育人目标相呼应，同时也为学生的个性化发展提供了选择。在跨学科课程的安排上，结合广东地区的特色、学生兴趣和未来社会发展需要，按照年级安排了不同主题，进阶有序。在学科拓展课程中，考虑到了小学阶段学生的认知发展特点，同时也与学科课程形成了有效的联动和互补。

在课程实施上，能够准确把握新课程的实施要求，对五育并举、核心素养、大单元教学、学科实践、幼小衔接、因材施教等关键理念均有覆盖。在课堂教学这一关键环节中，尝试打造"挑战-包容-互学"的课堂模型，强调导学、建构和反馈，有一定的新意。在校本课程的实施中，能够体现不同年龄层次的学习方式的差异，分步推进体验式学习、任务式学习、项目式学习，设计科学合理。学习评价部分的设计关注了过程性评价和增值性评价，理念较为先进，且有切实的实施举措。

在课程的管理和保障上，有较为清晰的组织和制度设计，建立了"四级双系统"课程运行管理机制，构建了完善的研修制度和听评课制度，并对师资和相关资源进行了系统设计。

总的来说,天府路小学的课程实施方案规范完善,特色明显,育人目标、课程设置、课程实施与课程保障在设计上一致性强,特别是有关跨学科主题学习的设计对其他学校有较大的参考价值。

(点评:王涛)

11

美于心　善于品　敏于行
——广州市天河区体育西路小学课程实施方案

为全面贯彻党的教育方针,落实立德树人的根本任务,全面实施素质教育,办人民满意的教育,学校依据国务院颁布的《关于全面深化课程改革落实立德树人根本任务的意见》《关于深化教育教学改革全面提高义务教育质量的意见》《关于进一步减轻义务教育阶段学生作业负担和校外培训负担的意见》,教育部颁布的《义务教育课程方案(2022年版)》和《广东省义务教育阶段课程实施办法(试行)》相关文件精神编写学校课程实施方案,通过课程规划引领和指导学校的课程建设以及教育教学活动,进一步深化课程改革和实现课程育人目标,提升学校的教育教学质量和凝练办学特色,培养"美于心、善于品、敏于行"的全面发展的体西学子。

一、背景与依据

(一) 学校传统与优势

学校创办于1991年,坐落于广州市中轴线上,地处体育中心区段。目前有东、西两个校区,共41个教学班,1 668名学生,100名教师。历经三十多年的努力和探究,秉承"向上、向高、向远"的校训,形成了"科技教育"的办学特色,构建了"童心习经典""童眼看世界""童行丝绸路"等具有科学性、开放性的多元校本课程,致力于培养"心美、品善、行敏"的体西学子。在每一位体西人的不懈努力下,校园氛围健康活泼、积极向上,学校先后荣获全国科学体验示范学校、全国青少年校园足球特色学校、广东省信息技术实验学校、广东省中小学教师信息技术应用能力提升工程示范校、广州市深入推进STEM课程实施试点学校等称号。

（二）课程发展经验与基础

学校两个校区共占地 14 318 平方米,地处广州市区经济政治文化中心且交通便捷的体育中心区段,地理位置的优势为学校的优质办学、课程开发提供了很多便利。东、西两个校区有配备齐全的多功能室,且教室全部配有电子白板和音箱、实物展台等,以上先进的场地和设施设备为学校课程的顺利开展提供了良好的后勤保障。

学校开办以来,历任校长以创建办学特色为切入点,团结和带领全体教师积极实施素质教育,健美操、游泳等项目取得不俗的成绩,广播操体育特色和无土栽培科技劳动教育特色曾享有盛誉。学校提倡学习与实践相结合,挖掘每个学生的无限潜力,努力构建现代与经典、人文与科技为一体的特色课程。

2017年开始,依托国家、省、市、区的相关实验课题,广东省科技教育名师工作室,广州市 STEM 课程实施试点学校,广州市青少年科技教育项目等推动实践探索的深入开展,为学校进一步开展 STEM 教育打下了扎实的理论和实践基础。在 2018 学年至 2021 学年期间,师生在广州市青少年航海模型教育竞赛、天河区 STEM 教育创新大赛活动、广州市青少年建筑模型教育竞赛、广州市航空航天模型教育竞赛活动、天河区中小学 STEM 项目优秀案例展评活动等各项与 STEM 有关的赛事中获奖累计两百多个,学校多次被授予"优秀组织奖"。《基于 STEM 理念的"新丝路·万里行"主题校本课程的开发》获评天河区青少年科技教育（STEM 专项）特色课程荣誉。近年来,学校已形成一支 STEM 教育骨干团队,覆盖多个学科,具备良好的跨学科课程开发能力。学校将 STEM 理念融入跨学科教学中,在一定程度上改变了教与学的方式方法,提高了学生的动手操作、自主探究、问题解决等能力,并取得了阶段性的成果。

新的发展阶段,如何让教师们伴随着课程建设而得到成长,让学生们伴随着课程的落实而全面发展呢？学校运用 SWOT（见附件）分析方法,对课程发展经验与基础进行梳理分析,以不断谋求学校教育改革发展的新方向和新目标。

（三）学生与社区课程需求

学校周围社区资源丰富,人文、社科类资源种类繁多,较好地满足了学校、家庭对教育资源的期待与需求,给课程的开发和顺利实施提供了保障。家长群体整体素质较高,注重孩子潜能的开发和特长的培养;对学校的关注度和认同度高,支持和配合学校的工作,愿意为学校的校本课程提供支持与协助。特别是家校合作组织"教师家长协会"对于家校和谐共建和孩子的全面发展有着积极的影响和促进作用。

为了培养学生的兴趣和发展个性特长,给学生提供更优质的校本课程,学校针对已开设的校本课程及相关需求对师生和家长进行了全面调查。依据调查结果,学校未来课程规划需要重点关注和加强的是:开发更丰富的科创类、实践操作类、身心健康类、艺术类等校本课程供学生选修,进一步培养学生的科学精神、责任担当、实践创新等核心素养。同时,拓宽校本课程的受益面,加大自主选修的力度,以多种方式培养学生的兴趣和服务学生个性化学习的需求,让每位学生都成为"美于心、善于品、敏于行"的体西学子。

(四)学校教育哲学

1. 学校愿景:通过大家的努力,把学校建设成师生心美、品善、行敏的成长乐园。

2. 学校使命:为了实现上述愿景,我们将开发丰富而有序的校本课程,构建全面而有机统一的课程体系;开展教—学—评一致性的课堂教学,实现教与学方式的变革;健全教研、培训和激励制度,培养专业精湛的教师队伍;完善校园设施、校规校纪,建设以"心美、品善、行敏"为核心的校园文化。

3. 毕业生形象:学校立足培养德智体美劳全面发展的社会主义建设者和接班人,结合"心美、品善、行敏"的学校愿景,广泛征集学生、教师、家长、社区建议,在全体教师、家委讨论协商的基础上,拟定毕业生形象为——心美、品善、行敏。

心美:爱国爱党　有志有识　尽心尽力尽责任

品善:阳光自信　真诚善良　有勇有为有毅力

行敏:悦己爱人　团结合作　好奇好问好探究

二、学校课程计划与说明

(一)课程结构

广州市天河区体育西路小学课程由国家课程、地方课程和校本课程组成。其中国家课程包括道德与法治、语文、数学、英语、科学、艺术、体育与健康、信息科技、综合实践活动和劳动等课程;地方课程包括地方综合课程、生涯规划和创新教育,与校本课程整合实施;校本课程包括"童心习经典""童眼看世界"和"童行丝绸路"三类。如图11-1所示:

● 童心习经典　● 童眼看世界　● 童行丝绸路

图11-1　体育西路小学校本课程结构图

（二）学校课程计划

表11-1　体育西路小学课程安排表

科目	年级周课时					
	一	二	三	四	五	六
道德与法治	2	2	2	2	3	3
语文	9	8	7	7	6	6
数学	3	4	4	5	5	5
英语			3	3	3	3
科学	1	1	2	2	2	2
体育与健康	4	4	3	3	3	3
艺术	4	4	3	3	3	3
信息科技			1	1	1	1

续表

科目	年级周课时					
	一	二	三	四	五	六
劳动	3	3	5	4	4	4
综合实践活动						
"童心习经典"课程群/"童眼看世界"课程群/"童行丝绸路"课程群						
周课时总数	26	26	30	30	30	30

说明:

1. 此计划会按照广州市教育局的最新要求作相应的调整。小学每课时40分钟。

2. 《习近平新时代中国特殊社会主义思想学生读本》作为必修内容,由道德与法治、班队课、校本课程等科室中统筹安排。

3. 劳动、综合实践活动、班队活动、地方课程与校本课程通过"童心习经典""童眼看世界"和"童行丝绸路"三个课程群整合实施,课时统筹使用。其中,职业体验课程与劳动整合实施,全体学生必修,采取课时集中使用和分散使用相结合的方式开展,课时数平均为每周1课时。"童行丝绸路"课程群与综合实践活动整合实施,全体学生必修,每周1课时。

4. 三至六年级语文每周安排1课时开设书法课,与"童心习经典"课程群中的"写好每一笔"课程整合实施。

5. 除上述课程计划外,学校会充分利用课后服务时间,设置科技、体育、艺术和语言等主题的个性化课程,以满足学生兴趣特长发展的需要。

表11-2 体育西路小学校本课程一览表

类别	科目	课时安排	选修年级	说明
童心习经典	写好每一笔	16	一至六年级	周五下午第一节课实施
	君子三部曲	16	二至六年级	和道德与法治课程整合实施
童眼看世界	体西之旅	16	一年级	和道德与法治课程整合实施
	运动小健将	16	三年级	周五下午第二节课实施
	职业体验	16	四年级	集中课时与分散课时相结合,周一下午第二节课为固定课时,与劳动整合实施。
	星光大道	16	四至六年级	周五下午第二节课实施
	生活小达人	16	一至六年级	周三下午第一节,与班团队活动整合实施

续表

类别	科目	课时安排	选修年级	说明
童行丝绸路	交通运输（上学期）	16	一至六年级	周一下午第一节，与综合实践活动整合实施
	茶文化（下学期）	16	一至六年级	

三、课程实施与评价建议

（一）有效实施国家课程

1. 实施基于"教—学—评一致性"的课堂教学。每学期每个学科都采用集中研讨和网络研修的方式开展学历案设计及基于学历案的课堂教学研究，每个年级围绕学期目标设计、评价任务设计和教学活动设计等进行"教—学—评一致性"的集体备课与研讨，再以团队形式在科组中进行专题分享、课例展示和设计反思，力求实现从关注"教"到关注"学"的观念的转变，从而优化课堂教学模式，促进学生的发展和教师自我的提升。

2. 开展基于数据分析的学情诊断。平时教学中，及时捕捉、收集、分析和诊断学生反馈的学习信息，改进教学活动以促进教学目标的达成；阶段测评中，一二年级以游园闯关的形式检测学生对知识的掌握与运用，学生的闯关情况将成为下一阶段的教学参考；三至六年级要求对测评的情况进行数据整理、错例收集、得失分析，并提出改进措施，再通过"个人汇报—年级交流—科组分享—全校展示"这样层层递进的模式进行总结分享，以此促进教师改进教学策略，真正聚焦问题，精准施策，进一步提升学校教学质量。

3. 优化基于学生发展需求的作业设计。作业设计体现"以学生的发展为本"的育人导向功能，在设计作业中既要把握"度"与"量"，又要提高"质"与"效"，做到作业的优化设计与均衡布置相结合。一二年级教师根据课程标准和学生认知特点进行非书面作业的专项实践研究，在培养学生良好学习习惯的同时巩固双基和提高学习能力，以便与三年级作业有效衔接。三至六年级设计作业时要在培养学生核心素养导向下关注学生的差异性和发展性的需求，特别要重点研究体现单元整体要求的综合性作业设计，在作业设计中做到共性要求与个性要求的统一、科学性与创新性的统一、过程性和结果性的统一，提升教师优质作业设计水平和学生作业完成质量。

4. 探究跨学科项目化学习的课程实施方式。学校依托国家、省、市、区的相关实验课题和作为实验校的契机,开发了具有学校、区域特色的跨学科课程。每学期各年级都围绕学校开发的主题课程选择子项目进行深入实践研究,在横向课程内容的联系和纵向课程目标的进阶中保证跨学科课程的深度融合和相互促进。每个年级制定课程计划和分工设计,由年级内老师分工合作完成课程的实施。同时,以年级为单位定期进行交流研讨、思维碰撞和资源分享,以便及时调整教学实施策略。开发的课程进一步发挥学生的主体性,培养学生的合作意识、创新意识、问题解决能力等核心素养,实现学生思维品质的提升。

5. 落实综合实践活动与劳动课程实施。学校严格按照要求落实国家课程计划,开齐开足综合实践活动课程。为在校内有效地开展劳动教育,培养学生的劳动素养,学校根据学科特点,把劳动课程与综合实践活动课程结合,形成有效的综合性学习的课程,因势利导地开展家务劳动、校园劳动(试验田种植)、校外劳动(社区学习)、公益劳动(校外研学实践)、职业体验等形式多样的劳动,让劳动教育成为激发孩子学习动机、巩固学习成果的重要渠道。同时借助研学劳动,探索综合实践活动与劳动课程的整合实施路径及策略。

(二) 合理开发校本课程

1. 制定校本课程开发及管理机制。学校成立以校长为组长、科级长和年级组长为组员的校本课程开发小组,进行课程开发、指导和研究。校本课程开发小组每学期末都会针对现有校本课程情况进行全面调查和摸底,再根据学校的实际情况和学生不断发展的兴趣和需求,定时开展课程诊断、调整和增减等相关事宜的研讨会,再以制度和纲要的形式规范校本课程的实施与评价,以形成具有可持续性发展的动态校本课程体系。

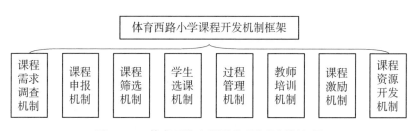

图 11-2 体育西路小学课程开发机制框架图

2. 重构和拓展学习空间

(1) 校内学习空间的再造。为了给校本课程提供和创设学习活动的专区或空间,学校拟充分利用每个校区的架空层创设集学习、答疑、交流、展示、分享和休闲于一体的多功能"学习空间",配置彰显个性化的学习吧,根据小组人数自由组合的课桌椅、资源查阅屏、作品展示台等,让学生在功能多样化和结构灵活化的"学习空间"中全方位体验沟通与协作、交流与分享的乐趣。同时,建设创客实验室,充分锻炼学生动手能力和发散思维,增强其团队协作意识和创新能力。

(2) 校外学习空间的拓展。积极利用学校的地理优势和家长资源,为学校综合实践课程和校本课程的实施提供更多更优质的体验空间。同时,与社区相关行业建立合作伙伴关系,让社区优秀人士为学生提供宝贵的课程资源和实践经历。

(3) 虚拟学习空间的创设。充分利用特色英语电视台直播栏目,择优录取英语小主播,每周四午读期间面向两个校区的学生进行以国际文化为主题的直播,给学生提供口语交流、应用和展示的舞台;每周三利用午间电视台"星光900秒"进行校园直播,透过镜头对国家时事、政策等进行解读与学习,对学校活动、热点话题、德育主题、身边的人与事等进行实时报道,引导大家积极参与讨论和思考,让电视台成为校园的声音,让每一位队员都成为校园电视台的代言人。

(三) 课程评价

1. 学习评价

(1) 国家课程学习评价

依据体育西路小学各学科学期课程纲要的评价要求,对学生进行过程性和结果性评价。过程性评价主要从学生课堂表现、作业表现、实践活动等方面进行综合评价。期末结果性评价,主要结合国家义务教育质量监测、广州市教育质量阳光评价以及天河区教师发展中心组织的统一的期末质量监测要求,一二年级开展游园闯关活动,三至六年级开展水平测试等,以考查学生综合运用知识解决实际问题的能力,最后以《成长记录册》来呈现学生的学习评价。

(2) 校本课程学习评价

根据学校制定的《校本课程学习评价表》并基于课程本身的特点,以活动项目为载体,建立多元化的表现性评价制度。每项活动都根据学生完成任务或作品的过程表现、完成率、优秀率、一定时间内实现的自我突破等内容对学生学习进行多元评价,每节课都有自评、小组评价和教师评价,力求做到教—学—评一致性。期末再根据平时表现和考核成绩进行综合评价。

2. 教学评价

各学科以《义务教育课程方案和课程标准(2022年版)》为依据,按照《体育西路小学"教—学—评"一致性课堂观察量表》,开展素养导向下的以学为中心的课堂教学与课堂评价;以体育西路小学学科课程纲要为指引,各学科围绕大单元教学与作业设计开展教研活动,实践教—学—评一致性的理念。

3. 方案评价

(1) 对学历案的评价。包括名称与课时、学习目标、评价任务、学习过程、作业与检测、学后反思六个基本要素。从要素齐全、基于课标要求、以学生为中心、体现教学评一致性原则、叙写规范、操作性强等多个维度对学历案进行综合评价。

(2) 对学期课程纲要的评价。包括背景分析、课程目标、课程内容、课程实施、课程评价五个要素。从要素齐全、学情分析到位、学期目标与课程目标一致、课程内容合理整合、课程实施与评价相一致五个方面对各科学期课程纲要进行综合评价。

四、保障措施

(一) 组织保障

学校成立课程领导小组、课程研发小组和课程评价小组三个组织。它们各司其职,明确各自的分工、人员配置、运行权限、运作范围等,以保证课程建设的有序推进。其中课程领导小组由课程专家担任顾问,校长担任组长,组员包括学校行政、教师、学生和家长、社区人士代表等,负责学校课程规划的顶层设计、课程审议、过程管理以及学校课程建设经验的总结等。课程研发小组由教学副校长、教导主任、教研组长和学科骨干教师组成,负责依据《学校课程实施方案》的要求,开发相应的校本课程,撰写各门课程的《课程纲要》;课程评价小组由教导处和德育处教师组成,主要负责学生课程需求调研,课程实施过程的评价、管理与指导,课程实施结果诊断以及优秀课程的遴选等。

(二) 制度保障

为保障各大课程实施质量,在课程管理方面,学校制定了《体西课程管理制度》,严格要求教学、科研、德育、后勤、办公室等各部门制定相关的职责和管理机制,共同推进课程的实施和加强课程建设,以保证学校各项工作能紧紧围绕"心美、品善、行敏"的育人目标高效地开展。师资队伍建设方面,学校制定了《体西教师师风师德建设制度》

《体西校本培训制度》《体西教科研管理制度》《体西教师听评课制度》等,以促进课程建设与教学实施的顺利进行,为教师提供多样化、菜单式的培训内容和模式,激发教师内在动力和课改意识。通过"青蓝工程""六韵杯教学基本功大赛"等项目引领教师课程开发和实施能力的提高,为国家课程的有效实施与校本课程的合理开发提供师资保障,为学生的全面、可持续发展提供坚实的基础。

(三)资源保障

首先,积极争取教育行政部门、所在社区、学生家长等各方资源的支持,使学校与上级主管部门、所在社区形成良好互动,促进学校更好地发展,为学生的发展开发丰富且个性化的课程新样态。其次,充分利用好学校地处广州CBD中央商务区的地理优势,发挥学校科学实验室、劳作室、计算机教室、阅览室等专用场室的价值,为系列课程的开发和实施提供保障和便利。同时,依托粤教翔云数字教材应用平台的学生成长记录功能,汇聚多方数据,丰富学生成长记录内容,形成学生的成长档案,为学生个性发展提供反馈平台,为设置多校化的课程需求提供客观和科学的依据。

附件 体育西路小学课程SWOT分析表

	S(优势)	W(劣势)	O(机会)	T(挑战)
地理环境	地处广州市天河区经济政治文化中心的体育中心地段。	中心城区环境和人员复杂、嘈杂,存在较大安全隐患。	地域优势和高素质社区及家长资源可以为学校发展助力。	周边名校群的快速发展和家长对学校办学质量的期待日益剧增。
教师队伍	大部分教师勤勉上进,勇于创新。部分教师走在学科教学的最前沿和课程改革的最前锋,在提高课堂效率和教育教学质量方面起到了引领作用。	1. 编制内教师平均年龄偏大,部分教师缺乏课改勇气和创新意识。2. 随着学校办学规模不断扩大,教师缺编严重。3. 有影响力的名教师不足,未能满足课程建设的发展需求。	1. 区编外教师政策的实施一定程度上缓解了教师缺编问题。2. 参与华东师大项目有助于全面提高教师队伍专业水平。3. 通过教师赛课、优质课例展示和视导课等方式助力教师的专业发展。	1. 区聘和校聘教师流动性较大。2. 学校高速发展,对于高层次的骨干教师、学科带头人、名师的数量需求加大。

续 表

	S(优势)	W(劣势)	O(机会)	T(挑战)
学生情况	地段内大部分学生综合素养较高、阳光自信、见多识广、思维活跃、兴趣广泛。	我校是该区域内接收政策性照顾借读生、积分入校生和统筹生最多的学校。这些类别的生源复杂且素质不均衡。	课程改革更加关注学生个性化发展需求，多元化的课程给学生提供了更多选择的机会，为发展学生特长、培养自主学习能力和创新意识提供了保障。	国测和市、区教学质量阳光评价等给学生的发展提出了更高的要求；生源的不均衡给教师的教育教学带来一定的挑战。
家长配合	家长群体素质较高；家长对学校和老师的认同度和满意度高，分别达99.04%和99.31%；大部分学生家庭条件优越，注重孩子潜能的开发和特长的培养。	部分家长对学生学习的期望值加大，从而变相加大学生的学业负担；部分家长在教育中的过度关注、过度保护、包办代替等现象导致孩子内驱力、意志力和自控力不足。	优质的社区和高素质的家长群对孩子的期望值和关注度较高；同时学校层面成立的"教师家长协会"对于家校和谐共建和孩子的全面发展有着积极的影响和促进作用。	生源结构对个性化课程的内容、形式和质量方面有了更高的要求。
课程资源建设	学校附近有广州市图书馆、博物馆等丰富的社区资源，校内有配备齐全的现代化功能室、科学标准的运动场和先进的设施设备等为课程的开发和顺利实施提供了保障和便利。	学校现有的学习空间无法满足学生对多元化课程的需求；未充分利用好丰富的社区资源服务于课程开发和课程教学。	根据课程规划开发的特色校本课程的需求，对现有课程资料进行诊断和梳理，在充分论证的基础上进行课程资源的合理配置和科学建设。	通过课程资源的充分利用和重构、学习空间的建设和拓展，最大程度地满足学生的不同需求，促进学生个性化多样化发展。

（编者：林雁、田娇玲、林练、刘儒英、李琼）

广州市天河区体育西路小学课程实施方案点评

体育西路小学课程实施方案的编制以国家教育政策和课程政策为引领，要素齐全，结构系统、完整。不仅体现了国家意志，还体现了学校办学思想和办学追求，具有科学性、时代性，体现课程育人。主要特色如下：

1. 依据分析透彻，目标确立逻辑清晰

该方案通过SWOT分析剖析了现有的课程建设基础，明确了学生与社区的课程需求，结合学校的办学传统，在广泛征集学生、教师、家长、社区建议的基础上，确定了明确的办学目标——"师生心美、品善、行敏的成长乐园"和清晰的育人目标——"美于心、善于品、敏于行的体西学子"，体现了对学生综合素质发展的追求，既回应了全面发展的育人目标，又凸显了学校的办学特色。

2. 课程结构设置合理，特色鲜明

该方案严格遵循教育部《义务教育课程方案和课程标准（2022版）》开足开全国家课程，并在此基础上，构建地方课程与校本课程。学校的校本课程包括"童眼看世界""童心习经典""童行丝绸路"，以回应学校特色育人目标的要求。为落实国家"双减"政策，学校课后服务开设了基础托管、个性化课程（覆盖科技、体育、艺术与语言四大领域）和第三方课程，满足学生多样化的发展需求，促进学生的全面发展。

3. 课程实施要点明确，课程评价系统完善

该方案面向不同类型的课程确立了针对性的实施方式。国家课程的实施致力于推进"教—学—评一致性"的课堂教学，体现学习中心的课堂教学理念，并建构起学习的前中后的学情诊断系统，以便教师准确把握学情，及时调整教学方案；优化作业设计，保障基础性的同时满足学生差异化的发展需求；探索综合实践活动与劳动教育的整合实施。地方课程的实施，聚焦学生身心发展特征，紧扣"立德树人"根本任务予以落实。提升校本课程的品质，搭建课程开发管理的有效组织机制，打造跨学科课程体系，以跨学科学习推进学生素养发展；再造校内、校外以及虚拟学习空间，以支持学生的学习。

该方案建构了系统完善的评价体系，涵盖了学生学习评价、教师评价以及方案评

价三个方面,而且整个评价体系坚持"以评价促发展"。其中学习评价强化育人导向,借助信息技术智能手段推进过程性评价,形成兼顾过程与结果的评价方案,以对焦学校育人目标的达成。教学评价在常规评价的基础上重视发展性评价,聚力教师专业胜任力的提升。

4. 课程保障措施妥帖周延

为推进该方案的落地,学校设计了完整系统的保障措施,覆盖组织、制度、资源三重保障。学校成立课程领导小组、课程研发小组和课程评价小组三个组织,它们责权分明、各司其职,保障学校课程建设有序推进;为推进课程方案落地,制定了课程管理、师资队伍建设等的各项制度文本,保障课程实施质量;学校争取家-校-社的积极合作,为学生发展提供充分的资源支持,同时注重对线上平台的应用,以持续数据跟踪实现对学生个性化发展的关照。

(点评:安桂清、张薇)

12

成就"做人温暖　做事聪慧"的仁智少年
——广州市天河区五山小学课程实施方案

为了贯彻党的教育方针和习近平总书记关于教育的系列论述指示精神,落实立德树人根本任务,依据教育部《义务教育课程方案(2022年版)》《广东省义务教育阶段课程实施指导意见(试行)》及《完善中华优秀传统文化教育指导纲要》(教社科〔2014〕3号)等系列文件中的相关要求,学校编写本课程实施方案,以此指导学校结合实际进行课程建设,开展教育教学活动。

一、背景与依据

(一) 学校传统与优势

作为广东省依法治校示范校,学校一直在规范化办学基础上追求高位发展,把"规范化＋特色化"作为长远目标。秉持"国学辅仁,科技益智"的思想,学校将国学教育和科技教育作为特色项目,有效补充、拓展国家课程。国学校本课程的开发已有20多年的积淀,形成"浸习式"国学课程体系,以国学为载体的德育案例被教育部评为全国第二批"一校一案"典型案例,国学教育研究成果获得广东省基础教育教学成果奖二等奖。科技教育遵循"海陆空模型＋"的发展思路,在持续深入开展传统科技项目的同时,结合学生发展需求,拓展了科技创新、趣味编程等项目,形成科技项目链,学生发明创造的多项科技创新作品获得全国专利。

(二) 课程发展经验与基础

广州市天河区五山小学创办于1989年,有两个校区,总占地面积13 867平方米,现有30个教学班,学生1 296人,教师有80人(其中,在编教师55人,编外聘用制专任教师19人,自筹资金聘用教师6人)。

1. 硬件设施

学校生均占地面积约11平方米,专用场室按照省规范化学校标准配备,设施设备比较齐全。校园内学生活动空间大,可以开展丰富多彩的集体活动、体育锻炼和各种社团活动。其中,面积为220平方米的国学馆是学生进行传统文化综合性学习的场所;校园内的广州市4A级小农田能为学生提供基于真实情境的种植实践。

2. 课程资源

学校地处五山高校片区,周边有华南理工大学、华南农业大学、中国科学院广州能源研究所、广东省农业科学院、广东省钢铁研究所、广州市气象卫星站等高等院校、科研院所,又紧挨广州中学,拥有独特的人文环境和社区资源,为开展综合实践、校外研学和劳动教育等提供了场地和资源。学校是广州市劳动教育教材试验学校、天河区劳动教育试点学校、天河区立志教育校际联盟和广州中学教育集团的成员校,在劳动教育、德育创新、中小衔接等方面可以获得更多指导与帮助。

3. 教师队伍

教师学历100%达到本科以上,硕士研究生8人,有高级职称教师6人(其中1人正高,5人副高),中级职称教师38人。在编教师队伍较成熟、稳定,专业水平较高,其中省、市、区各级各类骨干教师23人,占在编教师的42%。教师团队关系和谐,责任心强,有课程领导、开发意识,勇于探索国学特色课程建设,被评为广州市首批创新学术团队。

然而,在编教师年龄偏大(平均年龄42岁),受"知识本位"思想的影响,课堂教学存在"稳而不活"的共性问题,对学生思维发展及个性特点关注不够,影响学生"学习力"的提升。临聘教师虽然年轻有活力,但缺乏教学经验,且存在着流动性大、不稳定的因素。学校是天河区与华东师大合作的课程质量提升项目的种子学校,将借助华东师大专家团队的智慧,推进课堂教学的变革。

4. 学生状况

学校生源主要来自周边小区,还有部分华工、华农教职工的孙辈子弟(占比20%)。大部分学生来自父母收入稳定、受教育程度较高的家庭,少部分学生的父母仍忙于温饱而无暇关心子女教育问题,家庭经济、父母受教育程度、家庭关系等因素的差别,造成学生在行为习惯、知识基础、学习能力等方面存在一定差异。

(三)学生与社区课程需求

关于课程建设的问卷调查结果显示,学生对学校开设的课程认可度高,对校本课程满意度为90.90%。其中,国学校本课程的受欢迎程度高达95.58%,学生对文体、科技类活动也表现出浓厚的兴趣。此外,学生还表达了对体育竞技类(主要是篮球、乒乓球、游泳)和科技创新类(主要是科技创客和人工智能)的课程有所期待。社区调研及家长问卷调查显示,五山地区的民众十分认同学校长期坚持走国学特色发展之路,92%的家长支持学校开设校本课程,79%的家长有能力也愿意为学校提供课程实施方面的支持。同时,家长们希望学校指导第三方机构开好课后的选修课程,满足孩子的个性发展需求。

(四)学校教育哲学

1. 学校愿景

秉承"仁智兼修"办学理念,创建"五育并举,人文见长"的学校。

"五育并举"体现了学校落实国家"坚持五育并举,全面发展素质教育"的育人要求;"人文见长"指学校用优秀传统文化滋养学生,着力提升学生的文化理解与传承素养,体现五山小学独特的育人风格。

2. 学校使命

学校认真落实教育部《义务教育课程方案(2022年版)》,构建科学完善的课程体系,通过课程的有效实施促进学生德智体美劳全面发展,打造讲仁爱、有智慧的教师团队,营造昂扬着中国精神的校园文化。

3. 毕业生形象

学校着力培养有理想、有本领、有担当的时代新人,立足学校办学基础和国学教育特色,回应学生、家长、教师、社区对学校的期待与愿望,提出五山小学毕业生形象——做人温暖、做事聪慧的仁智少年。(见图12-1)

仁:做人温暖,即爱自己,爱世界。

智:做事聪慧,即有知识,有能力。

图12-1 毕业生形象

二、学校课程计划及说明

(一)课程设置

基于学校育人目标,结合社区、家长和学生的课程期待,学校在开齐开足国家课程、地方课程的同时,开设子衿校本课程,构建德智体美劳全面培养的课程体系。

国家课程是所有学生必须学习的基础课程,包括道德与法治、语文、数学、英语、科学、体育与健康、艺术(音乐、美术)、信息科技、劳动、综合实践活动课程。地方课程包括地方综合课程、生涯规划和创新教育,与校本课程整合实施。校本课程即子衿课程,包括国学和"艺科体"拓展课程。国学课程含以经典诵读为主的国学课和把国学内容与学科教学、各项活动互相渗透融合而形成的仁智德育和农耕文化课程;"艺科体"拓展课程含艺术拓展、科技拓展、体育拓展三类课程。

(二)学校课程计划

表 12-1 五山小学课程安排表

周课时＼年级＼科目	一	二	三	四	五	六
道德与法治	2	2	2	2	2	2
语文	8	7	7	7	7	7
数学	3	3	5	5	5	5
英语			2	3	3	3
科学	1	1	2	2	2	2
体育与健康	4	4	3	3	3	3
艺术	4	4	3	3	3	3
信息科技			1	1	1	1
劳动、综合实践活动人工智能、英语口语、心理健康教育、子衿课程(国学、"艺科体"拓展课程)	4	4	5	4	4	4
周课时总量	26	26	30	30	30	30

(三)说明

1. 此计划会按照广州市教育局的最新要求作相应的调整。

2. 全学年教学时间共 39 周,其中新授课时间 35 周,复习考试 2 周,学校机动时间 2 周,每课时 40 分钟。

3.《习近平新时代中国特色社会主义思想学生读本》平均每周 1 课时,利用道德与法治、班队活动进行授课。

4. 一至六年级每周安排劳动和综合实践活动各1课时;一至六年级每两周安排1课时心理健康教育;一、二年级每学期安排2课时人工智能课程,三至六年级每两周安排1课时人工智能课程;一、二年级开设英语口语课。以上课程均纳入地方和校本课程课时统筹管理。

5. 在三至六年级语文课时中每周安排1课时书法。

6. 原则上不独立开设专题教育课程,可渗透到地方课程、校本课程及道德与法治、信息科技等相关学科教学中。

7. 每天上午安排35分钟大课间体育活动,上午下午各安排1次眼保健操。

三、课程实施与评价建议

在课程实施中坚持德育为先、学生主体和协同发展的原则,以国家课程为主体与基础,以地方课程和校本课程为拓展与补充,准确把握学科课程要培育的核心素养,深化教学改革,促进全体学生全面发展。

(一) 有效实施国家课程

从学期课程纲要编制、单元学历案的设计与实施、课例研究、作业设计四个方面探索国家课程的校本化实施,提升课程实施的质量。

1. 编制学期课程纲要,整体把握课程全貌

根据学科课程标准、教材内容和学生实际情况,各学科教师从课程的角度对一个学期的教与学活动作整体规划,运用系统思维研制学期课程纲要,准确把握课程全貌。学科团队先将课程标准中的学段目标分解成学期目标,再围绕学期目标对学习内容进行深入分析,本着知识结构化的原则组织课程内容,依据学情设计与课程目标相匹配的学习任务和评价任务。在每学期的第一课时,教师与学生分享学期课程纲要,引导学生整体感知课程目标、内容、实施、评价,发挥课程纲要作为"认知地图"的作用。

2. 依托单元学历案,引导学生深度学习

立足学生的学习与发展,牢固树立"学生立场"观念,开展"指向深度学习的单元学历案设计与实施的研究"。依托单元学历案,以课堂教学为主阵地,关注学生学习过程,聚焦自主建构、问题解决、迁移运用等关键能力,使课堂以促进高阶思维发展为核

心,呈现有趣、有序、有情、有效的"一核四有"状态(见图12-2),引导和帮助学生经历有指导、有挑战、高投入、高认知的学习过程,从被动学习、浅层学习、虚假学习向深度学习转变,通过"做中学""用中学""创中学"的学科实践,掌握学科的核心知识,把握学科的本质及思想方法,提升学习能力,培育和发展核心素养。

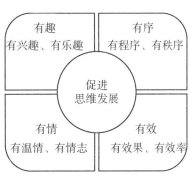

图12-2 "一核四有"深度学习课堂特征

3. 立足课例研究,提升教学的有效性和教师的专业水平

改变传统的听课评课方式,借助课堂观察,持续、深入开展"以学习为中心"的课例研究,重塑教师的观念与行为,优化课堂教学。学科组、集备组从学生学习、教师教学、课程性质、课堂文化等维度选取课堂观察点,科组教师分工合作。通过课堂观察收集教师课堂教学过程中相关信息及数据。课后借助信息汇总、数据统计、音像再现等方法,对课堂教学进行分析、诊断、汇报,促进教师教学反思,改进教学方式,提升专业能力。

4. 加强作业设计,培养学生自主学习的能力

以"控量、提质、增效"为价值导向,加强作业设计研究。依据学科课程标准、教材内容、学生的实际情况,对作业目标、作业内容、难度、类型、时间等进行系统思考,本着科学性、整体性和适切性的原则,遵循确定目标、组织题目、实践应用、分析优化的路径(见图12-3),设计单元作业,并不断完善,形成高质量的学科作业体系,使其成为学生自主建构知识体系的有力载体。学生在完成作业的过程中学会整理概念、归纳结论、自我评价反思,进而逐步学会学习,学会创新应用。

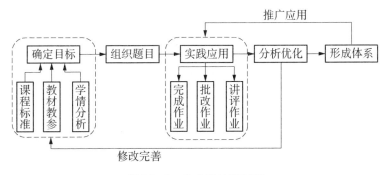

图12-3 作业设计流程图

(二) 地方课程与校本课程整合实施

根据广东省教育厅要求,组织开展以各类主题实践活动为主要形式的地方课程,可与劳动、综合实践活动及校本课程整合实施,为学生提供经历、体验、感悟、综合和提升的机会、条件。

(三) 合理开发校本课程

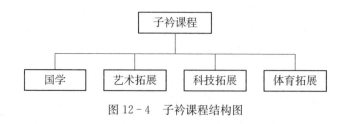

图 12-4　子衿课程结构图

1. 国学

国学课程实施时表现为"1＋X"形态,通过经典诵读和学科渗透及活动融合,让学生"全方位""全过程""长久性"地学习中华优秀传统文化,丰富人文积淀。

"1"指国学课,依托课程资源《少儿国学读本》丛书,用长短课并设的形式(每周一节 40 分钟长课＋每天一节 10 分钟短课),以语言积累为主、理解导行为辅,引导学生学习国学经典诗文。(见表 12-2)

表 12-2　经典诵读内容、时间安排表

一至六年级学习主题	各年级学习内容		时间安排
名言(120 句,按主题编选)	每个年级每学年 20 句名言		短课:每天午读 10 分钟 长课:每周一节课
古诗 (100 首,按主题编选)	一、二年级每学年 10 首古诗		
	三至六年级每学年 20 首古诗		
古文 (蒙学名篇,《大学》《论语》《道德经》)	一、二年级	《三字经》《弟子规》《千字文》《百家姓》	
	三、四年级	《声律启蒙》《大学》《论语》	
	五、六年级	《论语》《道德经》	
小古文(30 篇)	每个年级每学年 5 篇		

"X"指仁智德育、农耕文化两大类课程。仁智德育是将国学经典作为德育工作主

要载体,用中华优秀传统文化蕴含的价值观将德育内容、学科课程贯穿起来,促进思政教育内容的体系化,提高德育工作的针对性和实效性。农耕文化课程在劳动课和课内外活动中进行,学校小农田给学生提供了基于真实情境的种植实践基地,让学生真切了解二十四节气与植物生长的关系,感受我国农耕文化的深远、多样,并探索"一点一泛一迁"的劳动教育新路径:以校园小农田为"基点",将学生的劳动场域"泛化"到校外广阔空间,将劳动能力"迁移"到家务劳动、班务劳动、社区劳动等各类劳动中,引导学生在多场域、多类型的劳动中提高劳动素养。

2."艺科体"拓展

根据课程的整合实施要求和学生个性化学习需求,学校开设艺术拓展、科技拓展和体育拓展这三类课程,有近30门科目。课程实施呈现"小班教学""跨学科""自主探究""连续课时""兴趣培养""潜能发展"等特点。其中,科技拓展除了传统的"陆空"模型等课程之外,还以跨学科主题式学习推进课程融合,采用"一个学科牵头,其他学科协助"的方式,通过主题化、项目式学习等综合性学习活动,让学生在真实情境中综合运用多学科知识解决问题。比如,"纸点迷津"主题式学习由科学组老师牵头组织、策划,其中"纸桥承重""纸的前世今生"这两个专题则分别由数学和语文两个学科组具体负责实施,其他学科协助配合。(见表12-3)

表12-3 "艺科体"拓展

类别	课 程 名 称
艺术拓展	创意美术、指尖上的国学、粤语文化、硬笔书法、动漫绘画、街舞启蒙、民族舞蹈、合唱、小主持人
科技拓展	最强大脑、小实验家、创意工程师、趣味编程icode、建筑模型、飞机模型、汽车模型、电子小报、电子绘画、人工智能
体育拓展	少儿篮球、花式篮球、花式跳绳、足球、围棋、太极扇、太极拳、八段锦、田径

(四)自主开展重大特色教育活动

1.纪念孔子诞辰活动

学校结合二十多年国学教育特色,充分挖掘中华优秀传统文化中丰富的育人内涵,每年9月28日举办"亲近圣贤之德 感受经典之美"的孔子诞辰纪念活动,通过介绍孔子生平、恭行拜师礼、诵读经典名句、"八艺"主题游园会等方式感怀先贤、传承思想、弘扬文化,增强全体师生的民族自信和文化自信。

2. 红领巾义卖活动

每学年结合德育、学科教学和劳动教育的要求,举行全校性的红领巾义卖活动。义卖主题融入中国民俗、多民族文化体验等元素,义卖物品多为家中闲置物、学生自己制作的手工作品等,学生以班级为单位,参与海报设计、摊位布置、商品销售等全过程。义卖所得款项全部用于帮扶贵州贫困山区的学校,把温暖传递给山区孩子,使全体学生在活动过程中锻炼实践能力,增强社会责任感,从小养成乐于奉献、关爱他人的优良品质,努力成为"做人温暖　做事聪慧"的少先队员。

(五) 课程评价建议

学校立足核心素养,遵循客观性、指导性、多维性、过程性、发展性的评价原则,从促进学生全面发展、教师专业提升和学校课程建设的角度开展课程评价,分为学习评价、教学评价和方案评价三大类。

1. 学习评价

(1) 国家课程学习评价

围绕"培育和发展核心素养"的目标,学校以过程评价和结果评价相结合的方式,从"必备的知识、关键的能力、良好的习惯、适切的方法"等维度,每学期对学生进行学科学习评价。过程评价关注学生的日常学习情况及学习态度,包括常规作业质量、课堂表现、实践活动等内容,占学期评价的60%。结果评价每学期一次,有纸笔测试、口头表达、个人展示、作品评比等,占学期评价的40%;三至六年级大部分学科通过上级教育部门组织的质量检测纸笔考试来了解学生基础知识、基本技能的掌握情况;一、二年级以口头表达及实践应用的形式进行评价。有些学科要根据学科特点调整评价方式,综合实践、劳动和信息科技等学科可以用作品、档案袋、实践体验等方式进行评价。

(2) 地方和校本课程学习评价

国学课程以表现性评价为主,表现性任务形式主要有"国学雏鹰奖章"争章、展示、作品和档案袋等。"国学雏鹰奖章"争章由老师、学生小组长和学校导读小组等多个评价主体,依据评价规则考查学生背诵《少儿国学读本》中古诗文的情况,侧重考查量的积累。展示包括国学才艺展示、知识竞赛、名言成语接龙赛。作品是指传统节俗相关的手工制作、班刊《子衿集》"国学经典在我家"征文等。"国学促我成长"档案袋评价学生整个学年的国学课程学习表现。"艺科体"拓展课程以成果展示方式进行评价。

2. 教学评价

学校依据"以评促教"和"以评促学"的理念，按教师和学生两大维度设计了《五山小学课堂教学评价表》，从教学目标、教学内容、教学方法、教学手段、课堂管理五个方面关注教师的教学过程，从参与状态、思维状态、情绪状态、交往状态和学习效果五个方面关注学生的学习过程，强化教师的"课程视角""素养导向""学为中心"意识，激励学生自主管理并改进自己的学习，不断达成学习目标，发展核心素养。

3. 方案评价

（1）单元学历案评价

教学设计要充分体现"学主教从""以学定教""先学后教"的先进教育思想，创建以学生为中心的教学规范。《五山小学单元学历案评价量表》从核心理念和要素内容这两个维度对学历案的各个要素进行评价，促进教师牢固树立"学生立场"观念，开展"教—学—评"一致性的研究，推进课堂教学改革。

（2）课程纲要评价

课程纲要力求文字简明扼要，结构清晰明了，要素齐全。《五山小学课程纲要评价表（试行）》从结构和内容两个维度对课程纲要中的基本信息、课程背景、课程目标、课程内容、课程实施和课程评价等进行评价。

四、保障措施

（一）组织保障

1. 成立课程管理团队

成立以校长主管、教学副校长主抓的课程管理团队，由教导主任、学科组长担任成员，共同参与课程需求调查、多方意见征询，编制《五山小学课程实施方案》。课程管理团队组织学科骨干编写学期课程纲要，汇编成《五山小学学期课程纲要集》，作为课程实施的行动指南，帮助教师整体把握学科课程的目标、内容，审视、满足课程实施的所需条件。

2. 组建种子教师团队

组建以教学副校长为组长、各学科组长为组员的"种子教师团队"，做好学期课程纲要、单元学历案的培训、编制与实施等工作的组织策划。通过"种子教师"实现以点带面，每人带几个学习伙伴，组成研训共同体，以同伴互助研讨和"仁智杯"教学比赛推进课程纲要、单元学历案的撰写与实施,促进整个教师团队的专业提升。

3. 提供专业支持资源

依托校本研修,定期组织开展关于课程、教材、课堂观察、评价等方面的专题培训,帮助教师准确把握课程改革方向,钻研课程标准和教材,不断改进并优化教学方式及教学行为,为课程实施和教师发展提供专业支持。

(二) 制度保障

进一步健全《五山小学课程管理制度》《五山小学校本研修制度》《五山小学课堂教学评价要求》、关于学期课程纲要及单元学历案的编写要求等规章制度,发挥制度的督查、激励功能,保障课程方案落到实处。

(三) 资源保障

学校办学条件较好,可以为课程规划的实施提供人员、经费、场地、设备等方面的保障。学校是省级示范性教师教育实践基地、华南师范大学教育科学研究院的教育硕士联合培养基地。学校一方面可以邀请华南师大专家对教师队伍建设、学校课程建设等进行指导,另一方面通过承担广东省各级各类教师培训、跟岗研修、本科生和研究生的实习见习等任务,让本校教师在教育教学改革、课例研究、班级管理等方面获得更多交流与提升机会。此外,学校周边的大学院校、科研机构等大部分是学生家长工作单位,能够为学校科技教育、劳动教育、校外实践等提供得天独厚的课程资源。

(编者:许凤英、曾瑜、蔡雅杰、贺立群、王群飞)

广州市天河区五山小学课程实施方案点评

五山小学课程实施方案既有课程实施的专业规范,又有个性化的思考和特色。学校课程改革围绕"国学辅仁,科技益智"的思想,将传统文化教育和现代科技教育作为特色项目,两者相得益彰。

第一,学校有比较高端的顶层设计,秉承"仁智兼修"办学理念,指向"五育并举,人文见长"的学校特色。学校既落实国家"坚持五育并举,全面发展素质教育"的育人要求,又以"人文见长"的特色,提升学生的文化理解与传承素养。

五山小学国学校本课程的开发已有20年的探索历程,并将国学作为德育的重要文化资源,形成了比较成熟和稳定的国学课程体系。比较特别的活动课程是每年9月28日举办"亲近圣贤之德 感受经典之美"的孔子诞辰纪念活动。通过介绍孔子生平、恭行拜师礼、诵读经典名句、"八艺"主题游园会等方式感怀先贤、传承思想、践行文化,增强全体师生的民族自信和文化自信。

遵循"海陆空模型+"发展思路的科技教育拓展了科技创新、趣味编程等项目,实现了数学、科学、技术、工程的整合,形成了比较丰富的类似STEM课程的实践经验。

学校的科技教育很好地利用了学校周边的高校、中国科学院广州能源研究所、广东省农业科学院、广东省钢铁研究所、广州市气象卫星站等高等院校和科研院所的课程资源。

学校的办学思想、课程改革和课程资源使"做人温暖、做事聪慧的仁智少年"的五山小学毕业生形象显得既可爱又可信。

第二,学校重视劳动教育和"耕读传家"的教育传统。五山小学的重要特色是在校园的一角开辟了专门的劳动基地,真实地落实了"五育并举"的课程政策。

另一个劳动教育的特色是重视"红领巾义卖活动"。学校每学年结合德育、学科教学和劳动教育的要求,举行全校性的红领巾义卖活动。义卖主题融入中国民俗、多民族文化体验等元素,义卖物品多为家中闲置物品、自己亲手制作的手工作品等物品,学生以班级为单位,参与海报设计、摊位布置、商品销售等全过程,义卖所得款项全部用于帮扶贵州贫困山区的学校,把温暖传递给山区孩子。

通过家校联动将劳动本领迁移到家务劳动、班务劳动、社区劳动等各类劳动,提高学生劳动素养。这样的学校是当之无愧的"劳动教育教材试验学校"。

第三,学校不仅重视课程改革的方案,也通过校本教研和课程评价改革的方式推进课程与教学改革以及教师专业发展。通过对听课和评课的改造,转换教研方式和关注的焦点,从关注教师的教学过程转向关注学生的学习过程,针对单元学历案中的学习目标、评价任务和学习任务确定课堂观察主题。借助视频播放、数据统计等方法,重视对课堂现象进行分析、反思,提高授课者和观课者的专业水平。校本教研的思路比较清晰,而且可操作。

(点评:刘良华)

尚学至德　敏行致远

——广州市第八十九中学课程实施方案

为贯彻落实《中共中央国务院关于深化教育教学改革全面提高义务教育质量的意见》《关于进一步减轻义务教育阶段学生作业负担和校外培训负担的意见》，依据《义务教育课程方案(2022年版)》和《广东省义务教育阶段课程实施办法(试行)》，学校认真总结前期课程改革与发展中取得的经验，综合评估自身发展优势及存在问题，重新规划新时期的学校育人蓝图，特编制本课程实施方案。

一、背景与依据

广州市第八十九中学是一所完全中学，位于天河区东北部龙洞地区。学校办学历史悠久，其前身可追溯到创办于1919年的至德学校。学校现有学生3 300余人，其中初中生1 530人左右，初中生源主要来自周边6所对口小学。学校地处城乡接合部，学生家庭背景差异较大，但对教育的期望普遍较高。学校在足球、科技创新教育等领域形成了鲜明的特色，男足、女足多次在国家、省市区比赛中获奖，科技教育成效显著，拥有多项发明专利，获国际发明创造铜奖一项。学校现为全国青少年校园足球特色学校、全国科技教育示范校和全国国防教育特色学校。

(一) SWOT 分析

表 13-1 学校课程规划 SWOT 分析表

发展优势(S)		发展劣势(W)	
S1	百年至德的校史传承,有教无类、因材施教及与生俱来的勇于创新的基因,奠定了尚学至德、敏行致远的文化根基。	W1	师资配比不足,职称结构有待改善,现有教师 314 人,编外教师 82 人,超过四分之一;副高级教师仅 58 人,不到五分之一。
S2	地处粤港澳大湾区核心地带广州市天河区,具备区位优势;近年来地铁开通,华南植物园站 F 出口毗邻校门,交通便利。	W2	部分教师课改意识不强,选修课程开发能力相对欠缺。有影响力的名师较少。
S3	近年有 63 名研究生的加入,教师队伍年龄结构、学历结构大为改善,具备了打造创新型教师团队的基础;学校形成了较为完善的教师专业发展机制,实施续航计划,开设睿翔班,成立校级名师工作室,有助于成长型的教师团队建设。	W3	行政团队相互协作能力有待提升,管理制度的精细化落实有待提升。
		W4	部分课程资源受师资、硬件等条件制约严重。
S4	学校在足球、国防、绿色等领域形成了特色课程,积累了丰富的教育教学资源。	W5	多元成长背景的学生差异明显,行为习惯和学习品质有待规范提升。
外部机遇(O)		威胁挑战(T)	
O1	国家义务教育课程改革持续推进;天河区实施"幼有善育,学有优教"幸福标杆行动计划,提升区域教育均衡发展水平。	T1	在国家新一轮课程改革背景下,学校面临如何落实"立德树人"根本任务,在有效减轻学生负担的基础上提升育人质量的问题。
O2	学校入围华东师大能力提升项目种子学校,名家引领学校课程建设,学历案推进课堂改革,有利于促进学校教育教学跨越式发展。	T2	新课标、新教材及新评价的落地,尤其是学历案的推广实施,给教师的教育教学理念及教育行为变革带来巨大的挑战。
O3	交通条件和办学条件的改善,社会认可度的提升带来了生源结构的优化。	T3	近年区域内引进并大力建设多所公办民办学校,学校面临的竞争日趋激烈。
O4	周边高校及科研单位林立,能够提供优质丰富的教育教学资源。	T4	学生家庭背景多元化导致家庭对学校的需求和期望多样化。

(二) 学生及其家长课程需求

近年来,学校在开齐开足国家课程的前提下,在校本课程开发方面积累了一些经验。虽然学生对已有课程的评价比较好,但仍然满足不了学生新的多样化的发展需求。调查研究发现,学生对国家课程的总体满意度达到 94.1%;学生对科技竞赛、学科拓展、动漫、压花、版画、足球等感兴趣,普遍反映在这些课程或社团活动中培养了兴趣、拓展了知识、发展了特长、增长了能力，但仍期待开设篆刻、体育舞蹈等校本课程；95.3%的家长希望学校能开设更多的体艺课程、活动课程和社会实践课程，不希望学生整天只沉浸在文化课的学习中；16.06%的家长能够参与开设相关专题课程；16.7%的家长表示愿意为学校提供课程资源。

(三) 愿景、使命与毕业生形象

1. 学校愿景

广州市第八十九中学秉持成长教育理念，致力于建设一所人人想成长、人人能成长、人人会成长、人人在成长，拥有持续成长力的优质特色学校。

2. 学校使命

为实现上述愿景，在继承百年至德优良传统的基础上，立足新时代教育发展的新要求，落实立德树人，培育时代新人，学校使命是：

(1) 建构全面培养的课程体系，推进因材施教的育人方式；

(2) 探索学为中心的教学模式，创设深度学习的思维课堂；

(3) 打造专业创新型教师团队，激发教育教学的生机与活力；

(4) 塑造成长思维型学校文化，营造和谐成长的环境与氛围；

(5) 深化家校社协同育人机制，建设特色鲜明的新优质学校。

3. 毕业生形象

广州市第八十九中学依据义务教育培养目标，结合"有理想、有本领、有担当"时代新人的培养要求，继承百年至德的历史文化底蕴，遵循人文、科技、绿色与幸福教育的发展脉络，凝练了毕业生形象：尚学、至德、敏行、致远。

尚学：练就过硬本领。

至德：锤炼品德修为。

敏行：担当时代责任。

致远：树立远大理想。

二、学校课程计划及说明

(一) 课程结构

广州市第八十九中学课程包括国家课程、地方课程与校本课程。国家课程包括道德与法治、语文、数学、英语、历史、地理、生物学、物理、化学、信息科技、体育与健康、艺术、劳动与综合实践活动。地方课程包括地方综合课程、生涯规划和创新教育，在不同年级与校本课程整合实施。校本课程在开齐开足国家课程的基础上，根据生源结构、学生个性化的发展需求、教育教学资源与学校特色发展需求，按至德课程、科创课程、兴趣特长课程与学科拓展课程四类课程进行优化设计，打造无线电测向、足球、体育舞蹈、合唱、篆刻、版画等特色校本课程。

(二) 课程设置和课时安排

表13-2　课时安排表

课程/科目 \ 年级	七	八	九
道德与法治	2	2	2
语文	6	5	5
数学	4	4	4
英语	4	4	4
历史	2	2	2
地理	2	2	
生物学	2	2	
物理		2	3
化学			4
体育与健康	3	3	3
艺术	2	2	2
信息科技	1	1	
劳动	2	2	2
综合实践活动			
至德课程	4	3	3
科创课程			
兴趣特长课程			
学科拓展课程			
周课时	34	34	34

说明：
1. 此计划会按照广州市教育局的最新要求作相应的调整。
2. 每学年共39周，其中新授课时间35周（九年级33周），初中周课时为34节，每节课时长为45

分钟;每学年复习考试时间2周(九年级第一学期复习考试时间1周,第二学期毕业复习考试时间3周);每学年学校机动时间2周,学校集中安排劳动、学农、研学、科技文体活动等。

3. 按照《广东省教育厅关于广东省义务教育阶段课程实施的指导意见(试行)》,劳动、综合实践、地方课程与校本课程可统筹安排,因此把劳动、综合实践等进行整合,开展跨学科主题研学活动、志愿服务、学农等社会实践活动。采取常态化的分散安排(常规课程)与集中安排(如:集中学农、研学等活动)相结合的方式落实这些课程。

4.《习近平新时代中国特色社会主义思想学生读本》作为必修内容,由道德与法治课教师主讲,平均每周1课时,将与八年级道德与法治课、班团队课等统筹安排课时。

三、课程实施与评估建议

(一)高质量实施国家课程

落实教育部颁发的《义务教育课程方案和课程标准(2022版)》和《广东省义务教育阶段课程实施指导意见(试行版)》,确保国家课程的主体地位,开齐开足上好国家课程。

1. 编制学期课程纲要和单元学历案,深入推进国家课程校本化

各学科教研组依据学校课程实施方案,按照学科课程标准、教材,研究学情与相关学科教育教学资源,以学期为单位整体规划课程,科学编制学期课程纲要,以替代原先的教学进度表;撰写指向课程核心素养的大单元教学设计,使整个学期的教学具有整体性、系统性和逻辑性,把国家课程的各项要求落实、落细。

2. 以点带面,抓好试点学科课程建设,着力提升学生的核心素养

根据学校课程建设基础与学科教师团队的优势,首批选择语文、数学与英语学科为试点,深入探索"国家课程校本化"学科实践,提升学生核心素养,为全面推进新一轮的课程改革积累校本经验。

语文:探索任务驱动的语文学习,加强整本书阅读及大单元教学的设计与研究,通过经典选编+吟诵+展演,落实国家课程对传统经典文化教育的要求,彰显学校特色。

数学:注重数学实践,加强数学建模,数形转换和结构思维培养等,增强学生学科兴趣,提升学科教学实效。

英语:深挖主题意义,综合设计课本剧排演,落实英语教学听说读写学科素养,开阔学生的视野,引导学生感受世界文化多样性,增进学生文化意识与理解。

3. 聚焦"学为中心",推进以学历案为载体的课堂教学改革

推进"学为中心"的学历案教学实践改革,持续改进和创新教育教学方法。通过理论学习、研究课标教材以及专家引领与合作探究等方式,转变教师的教育教学观念,使

教室由"教"为中心的"教堂"转变为以"学"为中心的"学堂",由"教教材"向"用教材教"转变,以评价任务贯穿学习过程,创设"情境化、问题化、探究性和反思性"的思维型课堂,引导学生强化学后反思,提高学生学习质量。

4. 落实"双减"政策,规范教学过程和作业管理

(1) 规范教学行为。保质保量落实国家课程,不随意增减课时、不超标教学、不改变难度、不压缩进度;严格按照课程标准,落实教学常规,确保课程实施规范、专业、有效。

(2) 提高作业质量。整体着眼,系统谋划,做到课前、课中、课后通盘考虑,充分发挥作业的学情分析、课堂诊断、巩固提升、素养发展、立德树人等教育功能。

(3) 改进作业批改。教师要认真批改作业,利用作业批改收集学生学习证据,推进循证教学。及时做好反馈,加强面批面评,做好答疑辅导。

5. 推进适合每位学生的教育,落实因材施教

(1) 致力于培养学生主动学习习惯和自主学习能力,依据目标要求在课堂教学中适时实施小组合作学习,大力推进"异学习",探索从"面向每个人"转向"适合每个人"的教育教学。

(2) 运用现代化信息技术手段,采集学情数据,精准分析学情。根据学生的不同特点和个性差异,提供个性化的教育教学资源,促进学生个性和潜能的发展。

(3) 积极探索分层作业、弹性作业和个性化作业,实现"人人有作业,人人做不同的作业"。

(4) 利用课后托管时段,针对学生学科学习存在的问题,予以个别化辅导。为学习有困难的学生进行补习辅导与答疑,为学有余力的学生拓展学习空间。

(二)合理开发校本课程

科学评估学生发展需求,综合考虑学校特色发展需求、现有师资力量、教育资源等,进一步优化校本课程整体结构,开发特色化、高质量的校本课程,促进学生个性发展。在梳理学校已有校本课程的基础上,对照学校毕业生形象,优化构建以下四类校本课程。

表13-3 校本课程结构

类别	科目	说明
至德	立志、生涯规划、心理健康、国防教育等	
科创	创意编程、无线电测向、OM(Odyssey of the Mind,头脑奥林匹克)	

续表

类别	科　目	说明
兴趣特长	体育舞蹈、街舞、足球、篮球、网球、田径、羽毛球、合唱、摇滚、压花、篆刻、版画、画纸盘、书法、演讲、文创、粤文化等	由课程教学中心、学生发展中心组织开发
学科拓展	趣味数学、生活物理、家庭化学、经典诵读、英语文化等	

(三) 完善课程评价体系

坚持"以评促改、重在改进"的评价理念,充分运用评价手段促进学习、改进教学,不断提升课程质量。

1. 学习评价

依据国家课程标准,体现核心素养导向,注重教学目标达成情况,优化学业评价内容,合理控制评价难度。恪守评价伦理,不用评价结果来对学生下结论、贴标签。加强对学生实验操作能力、实践应用能力的评价。探索完善过程性评价办法,建立学生综合学习成绩报告单,对学生德智体美劳的发展进行写实性记录,全面了解学生各方面发展情况,引导学生提升核心素养,促进学生全面发展。

2. 教学评价

健全教学评价制度,加强对教学过程的诊断、激励、评价、反馈和指导。开展"学生评教"问卷调查,了解学生对课程实施的满意度情况,发现课堂存在的问题;通过教师自评、教研组教师互评和市区教研员评价等途径,全面诊断、评估老师的教是否落实课标的要求,是否指向学生核心素养的培养,课堂教学是否坚持学为中心,进而对教师的教学进行科学合理评价。通过评价过程中获取的信息改进教学,引导教师按照学科课程标准实施教学,立足学情,落实教学评一致性,提升教学效益。制定广州市第八十九中学课堂教学评价表,形成"双减"背景下的学校优课标准。加强对教师编制的试卷、作业及其他活动的评价。

3. 方案评价

及时解决学校课程实施方案在实施过程中发现的问题,坚持与时俱进,从实际出发,提升课程规划建设的质量和水平,凸显学校特色课程建设,促进课程可持续发展。由课程教学中心和教师发展中心定期组织人员,评审各学科学期课程纲要、学历案等文本,分析文本是否严格落实了课程标准和教材的要求,是否符合学情,有无充分利用学校已有的课程教学资源,学历案的设计是否遵循了教学评一致性原则。结合学生满意度问卷调查、师生访谈等信息,评价课程实施方案是否符合学情。通过评选活动,对课程纲要、大单元教学设计、作业设计、学历案等进行规范化探索,形成优秀课程文本模板。各教研组对课程纲要进行及时调整、迭代改进。建立校本课程审议机制、过程监控机制和退出机制,确保校本课程的思想性、科学性和实效性。

四、保障措施

(一) 组织与制度保障

1. 成立课程发展委员会

主任:校长

副主任:副校长

成员:课程教学中心主任、教师发展中心主任、学生发展中心主任、信息与评价中心主任、后勤行政服务中心主任、学术委员会成员、教研组长,以及教师、学生、家长与社区代表。

2. 成立五大中心

课程教学中心:负责课程开发、组织与实施、教学管理与课程评价,指导教研组教学,高质量落实国家课程,负责校本课程的开发、实施、评价等管理工作。

教师发展中心:负责教师团队持续发展,落实学校教师培训、校本研修,教科研项目管理,协助课程教学中心组织开展校本课程的开发与迭代,协调学校教育资源开发与使用管理。

学生发展中心:负责学生学习规划、生涯规划与发展指导。负责学校至德课程、体艺特长课程及活动课程的开发、实施与评价,推动全员育人的落实与家庭教育指导工作的开展。

信息与评价中心:负责学校信息化规划与建设,推进智慧校园建设,提升教师信息技术应用能力,落实科技创新类课程的实施。

后勤服务中心:为学校课程开展提供组织、环境、资源、技术和经费等保障。

3. 加强制度保障

建立、健全课程的开发、审议、实施[学生与课程(教师)双向选择机制]、评价、奖励、迭代制度;建立课程开发的专题专项培训、提升教师课程开发能力的教师研修制度。

(二) 人力资源保障

1. 强基师资队伍，保障高质量实施学校课程

重视教师队伍梯队建设，实施睿翔计划（青年教师）、续航计划（资深教师）、搭建名师工作室平台，推动教师的成长，形成以名教师为引领、优秀教师为骨干的课程实施队伍。教师发展中心负责教师队伍的培训提升，提升教师的信息技术水平，完善教师校本培训课程体系。依托与华东师范大学的合作项目开展基于学生立场的学历案教学改革，坚持核心素养导向，着力提升教师的课程胜任能力和校本课程开发能力。

2. 借力专家，用好科研院所研究力量，丰富课程资源

学生发展中心负责周边科研院所的联络与合作，结合学校实际，充分利用周边院所的专家团队和教育教学资源，开展相关课程，使学生了解学科前沿动态，激发专业志趣和创新意识与能力。

3. 盘活家长资源，形成课程实施合力

学生发展中心负责依据课程方案对家长资源进行摸查、动员、评估，建立家长资源库。办好家长学校，提升家庭教育水平，改善孩子对课程学习的兴趣、定力、能力和毅力，推动落实"双减"政策，提升学习效益。

(三) 环境与技术保障

后勤服务中心提供课程开展所需的软件、硬件环境和技术保障。统筹学校现有的设施、设备资源，使其功能最大化。将实验室、计算机房、图书阅览室、心理辅导室以及各种体育场馆作为校本课程的开课场地，提升专用场室的使用效益。用好广州市智慧校园建设优势，助力学校课程发展，满足个性化学习需求，落实教学评一致性；提升数据采集的广泛性、有效性，提升数据的精准分析、精准使用，为课程实施、评价提供技术支撑。

(四) 经费保障

将课程实施专项经费列入预算，为学校课程的开设、社团活动的开展、专家指导引领、校本课程的评价推优、课程改革创新实践教学展示及家长、社区资源的利用等提供经费支持，确保学校课程规划建设持续发展。

（编者：熊涛、李其雄、王强）

从学校发展的优良传统中凝练毕业生形象

毕业生形象是学校对培养什么人、为谁培养人、如何培养人的形象化表述,是学校全面贯彻党的教育方针、落实立德树人根本任务的要旨所在,也是学校落实义务教育培养目标的校本化表达,具有方向性、学段性、校本化与形象化的特征。凝练毕业生形象,这对于规范教育教学过程、引领学校课程规划与实施、推动家校社协同育人、促进学生自我教育具有重要的意义。学校明晰其毕业生形象,必须认真学习领会党和国家对教育发展的最新要求,科学评估学生及其家长、社区对课程的需求,传承发扬学校历史发展中积淀下来的优良传统,并注重发挥毕业生形象概括化表述的传播便利。

广州市第八十九中学毕业生形象的凝练就十分注重挖掘学校的历史文化传统。该校的历史最早可追溯到1919年建立的至德学校,因其校舍由本村一洞樊公祠至德堂出资兴建,故以"至德"作为校名,它是当时番禺县最早兴办的四间国民小学之一,以培养品学兼优的人才为宗旨。1922年,番禺县政府挑选全县办学成绩较好的国民小学,参加文化军事操演考核大赛,至德学校荣获全县第一名。1934年,番禺县政府与国立中山大学在至德学校合办"龙洞教育实验区",推行"即知即授"的"小先生制",时任中山大学校长的邹鲁先生还曾亲自到校视察指导。前来执教的中大学生思想比较进步,不但帮助学生提高文化水平,还对高年级学生进行爱国教育,利用课余时间,训练一批学生学会公开演讲,向村民宣传富国强兵、抵御外侮的道理。1962年,至德学校更名为"广州市第八十九中学",赓续爱国主义教育初心,以知识树灵魂,以品行强脊梁,培养具有家国情怀的英才。新课程改革以来,学校在研究性学习、科技教育、国防教育、足球特色等方面进行了重要的探索,取得了丰硕的成果,赢得了很高的社会声誉。学校百年发展的历史具有鲜明的特色,重视道德修养,强调能力本领,注重体育与国防教育,推崇爱国思想,培育责任担当,这些传统一直延续至今,成为学校历史发展中的优秀基因。

在新的历史时期,广州市第八十九中学以有理想、有本领、有担当的"三有时代新人"为魂,基于对至德学校优秀历史传统文化的挖掘,在对社区、家庭和师生的充分调研和座谈基础上,凝练了该校新时代的毕业生形象(育人目标):尚学、至德、敏行、致远。尚学,即练就过硬本领;至德,即锤炼品德修为;敏行,即担当时代责任;致远,即树立远大理想。

(点评:崔允漷)

14

取山水精华 育阳光少年
——广州市长兴中学课程实施方案

为落实《中共中央国务院关于深化教育教学改革全面提高义务教育质量的意见》和《关于进一步减轻义务教育阶段学生作业负担和校外培训负担的意见》，依据教育部颁布的《义务教育课程方案（2022年版）》和《广东省义务教育阶段课程实施办法（试行）》的要求，学校在全面总结育人优势和课程发展经验的基础上，综合评估自身发展优势及存在问题，制定本校课程实施方案。

一、背景与依据

（一）学校概况

广州市长兴中学创建于1999年，是一所全日制公办初级中学。学校依山傍水，毗邻广州市名山——火炉山，广州市名水——长寿村天然矿泉水。学校旁边科研院所林立，如中国科学院华南植物园、中国科学院广州化学研究所、广东省科学院生态环境与土壤研究所等，广州市"智慧城"也近在咫尺，可获得的区域资源丰富，学校所处地理位置优越。

"水为生命之源，石为大地之基"，水柔石刚，一动一静，彰显矛盾对立统一、发展变化的自然之理，蕴含育人之道，学校以此确立了"取山水精华，育阳光少年"的办学理念，打造"山水文化、阳光教育"的育人体系，提炼出具有辩证思想的"一训三风"："敏行刚毅，自强不息"的校训，"动静兼融，各美其美"的校风，"教学相长，刚柔相济"的教风，"滴水穿石，积沙成塔"的学风，激励师生不断开拓创新，追求卓越。

学校具有良好的课程发展传统。以课程促发展，为每一个孩子提供多元而适切的课程,促进学生内外兼修、熏陶浸染,充分享受山水文化的滋养,做"最成功的自己"。学校明确了"三度"教育的课程理念,即经典浸润人生(厚度)、活动锤炼生命(强度)、体艺科技彰显个性(宽度),构建了"水石融合"校本特色课程,使学生在知、情、意三方面相互促进、和谐发展。

(二) SWOT 分析

表 14-1 学校课程规划 SWOT 分析表

	发展优势(S)	发展劣势(W)	外部机会(O)	威胁挑战(T)
地理环境	毗邻华南植物园等科学院所,有丰富的课程资源,便于开展科普研学、职业教育等。	地处天河区北部,相对偏僻,交通环境复杂;面积小,场域受限。	国家教育均衡政策铺开;成为"广州中学教育集团"成员校。	周边多所优质公办中学,对学校优质生源吸纳造成冲击。
学校管理	创设"四三"育人模式和"六学五能"教学模型,学校管理团队敢于创新。	课程管理在全员、全学科推广过程中遇到一定阻力,与信息技术的融合不够。	新一轮课改浪潮推动;学校依托华东师大课程合作项目,走"内涵式发展"道路,开展学校课程整体规划和建设。	学校中层干部调整,部门人员适应性、协调性需要加强。
教师资源	有一批专业过硬、踏实肯干的名师和骨干教师。	教师平均年龄42岁,年龄结构偏大。	中青年教师发展潜力强,愿意接受新鲜事物和挑战。	部分教师职业倦怠,压力过大。
学生状况	学生质朴纯真、思维活跃,好奇心强。	学生差异较大;基础薄弱;学生人数多,学生学习动力不足。	评价更关注学生个性化成长,课程提供了更多的选择和机会。	学生应试的压力大;多元价值观的冲突明显。

综上所述,长兴中学规模小巧,但课程资源丰富,学生学习基础差异较大,教师年龄偏大、职业倦怠倾向比较明显,学校以新一轮课程改革为契机,基于核心素养和教育教学本质,以立志教育为抓手积极创建幸福学校,构建符合学校实际、有利于学生发展的多元课程体系。

(三) 学生对课程的需求分析

学校在满足学生课程需求方面积累了一定经验,也获得了较好效果,90%的学生对于学校目前开设的课程(包括国家课程和校本课程)持"非常满意"或者"比较满意"的评价。以硬笔书法为代表的传统文化类课程,以简单烘焙、创意钩针为代表的生活实践类课程,以足球和啦啦操为代表的体育竞技类课程在学生、家长和教师中的评价很高。

作为城乡接合部学校,长兴中学生源层次差异大,相当部分学生的学习基础薄弱、学习动力缺失,甚至有部分在小学就濒临被"放弃"的学生。因此,亟须开发符合学生实际的校本课程,让学生在校本课程中找到价值感、归属感、成就感,从而树立其对学习的信心和决心。同时,需考虑为学习基础较好的学生开设提高类、选择性的课程,以使他们获得更好的发展。

(四) 愿景、使命与育人目标

1. 学校愿景

长兴中学坚持"取山水精华,育阳光少年"的办学理念,打造"山水文化,阳光教育"的育人体系,努力把学校办成老百姓家门口的"新优质"学校。

2. 学校使命

(1) 坚持五育并举的教育方针,落实立德树人的根本任务;

(2) 打造善教尚学的育人团队,培养德能兼备的创新人才;

(3) 建构丰富多样的课程体系,营造乐学慎思的学习氛围;

(4) 践行沉稳灵动的文化内涵,共建和谐共生的幸福校园。

3. 育人目标

培育"厚德志坚、慎思乐学、心康体健、勤劳尚美"的"阳光少年"。

二、学校课程计划与说明

(一) 课程结构

广州市长兴中学课程包括国家课程、地方课程与校本课程。国家课程包括道德与法治、语文、数学、外语、历史、地理、生物学、物理、化学、体育与健康、信息科技、艺术、劳动、综合实践活动。地方课程包括地方综合课程、生涯规划和创新教育,在七八年级每学年开一门,或单独或整合实施。校本课程分两个类别:学科拓展课程和水石融合课程。学科拓展课程是结合学情开设的进行学科知识拓展、学科能力提高的课程。水石融合课程是以立志课程为特色的校本课程,包含"静养课程"与"敏行课程"两类,动静循环、相得益彰,学生在课程的动与静的转换中进行学、思、悟、行、享,形成辩证思维,让学生拥有认识自己、认识世界的"全局眼光"。

表14-2 校本课程内容

校本课程	
学科拓展课程	经典文化阅读与硬笔书法、英语拓展阅读、数学建模、理化实验操作、思政要闻、生活中的化学、物理视频制作
水石融合课程（静养—敏行）	影视文化、戏曲大舞台、书法、劳动号子创作、静心绘画营、绘画与创作、围棋、象棋、无线电测向、3D打印、机关王、编程、多媒体创作、自然探索、STEM课程、舞蹈、街舞、足球、篮球、羽毛球、古筝、乐队、开心农场、手工制作、创意钩针、收纳整理、变废为宝、简单烘焙、陶艺实践

(二)课程设置和课程安排

根据《广东省义务教育课程计划表(2023年版)》,编制学校课时安排表:

表14-3 课时安排表

课时＼年级＼课程/科目	七	八	九
道德与法治	2	2	2
语文	6	5	5
数学	4	4	4
英语	4	4	4
历史	2	2	2
地理	2	2	
生物学	2	2	
物理		2	3
化学			4
体育与健康	3	3	3
艺术	2	2	2
信息科技	1	1	

续表

课程/科目 \ 年级 课时	七	八	九
劳动			
综合实践活动	6	5	5
学科拓展课程			
水石融合课程			
周总课时	34	34	34

说明：

1. 此计划会按照广州市教育局的最新要求作相应的调整。

2. 每学年新授课时间35周（九年级33周）；每课时45分钟。

3.《习近平新时代中国特色社会主义思想学生读本》作为必修内容，由道德与法治课教师主讲，平均每周1课时，与道德与法治课、班团队课、校本课程等统筹安排课时。

4. 综合实践活动侧重跨学科研究性学习、社会实践。劳动、综合实践活动每周均不少于1课时；班团队活动原则上每周不少于1课时。统筹各门课程跨学科主题学习与综合实践活动安排，原则上，各门课程用不少于10%的课时开展跨学科主题学习。

5. 劳动、综合实践活动、班团队活动、地方课程与校本课程课时统筹使用。校本课程包含水石融合课程和学科拓展课程。

6. 有效利用课后服务时间，创造条件开展体育锻炼艺术活动、科学探究、劳动与研学实践等课外活动。

三、课程实施与评估建议

（一）国家课程的高质量实施

按照国家课程要求，开齐课程、开足课时。各学科按照《义务教育课程方案和课程标准（2022年版）》、参考教材，编制学期课程纲要，开展基于课程标准的教学。

1. 坚持素养导向的教学

各学科坚持素养导向，注重学科实践，推进跨学科综合学习。聚焦学生发展，以学习者为中心创设真实情境和真实问题，引导学生经历知识建构，体会学科思想方法；开展基于事实或证据的过程性评价和表现性评价。

以课程核心素养为主轴构建学习大任务、大观念、大问题等课程内容结构单位和教学单元组织形态。通过凝练核心素养和结构化课程内容，落实减负、增效、提质。

依据学科课程标准、教材和学情，由科组长带领老师组织编写本学科课程纲要，规划学习单元,优化内容结构。全学科开展学历案教学,以逆向设计引领学习目标编写,落实教、学、评一致。以课堂观察为手段,分阶段对学历案设计与实施进行课例研究,提升教师教研教改能力。全学科渗透立志教育,同时开设立志思政课、语文经典文化等课程。

2. 开展特色化的劳动教育

立足劳动实践,重在育人。以教育部颁发的《义务教育劳动课程标准(2022年版)》为指导,创建完善的劳动教育体系。劳动课程分为认知性劳动课程、服务性劳动课程、体验性劳动课程、生产性劳动课程四个方面:认知性劳动课程包括劳动认知、劳动故事等课程;服务性劳动课程包括社会实践活动和志愿者服务、家务劳动等课程;体验性劳动课程包括参观农场和工厂生产车间、职业体验活动、学农学工活动等课程;生产性劳动课程包括扎染、简单烘焙、蔬菜种植、教具制作、视频拍摄等课程。让学生在"理解劳动、动手劳动、欣赏劳动"过程中,养成"勤劳尚美"的品质。

3. 建构"六学五能"教学模式

依照学校"六学五能"教学观[①],基于学生实际,设计真实的情境,激发学生的兴趣,从教师和学生两个维度保证学生学习的主体性。在实施中创建"自主学习+小组合作+激励性评价"课堂教学模式,通过采用启发式、互动式、探究式、体验式等方式让学生参与学习,重视差异化教学和个别指导,构建"教师为主导,学生为主体"的高效课堂。

4. 因材施教,切实减轻学生负担

把学生之间的差异当作资源来开发,稳步推进走班制教学,课后采用"小组互助""导师制""双选辅导制"等手段来满足不同层次学生的发展需求。

(二) 合理开发与实施校本课程

根据学生发展需求,整合学校办学理念和可获得资源,开发校本课程,促进学生的学习能力和自主性不断发展,提高学生综合素质。

1. 对照育人目标,不断优化校本课程结构

积极构建以静养课程和敏行课程为主体的"水石融合"特色课程体系。两类课程

---

① "六学五能"教学观:"六学"即"我想学、我要学、我会学、我乐学、我博学、我好学",教师在教学设计中站在学生立场从"六学"维度设计学生课前、课中、课后的学习行为,体现学生在学习过程中的主体地位;"五能"即"能让学生看的尽量让学生看,能让学生思的尽量让学生思,能让学生说的尽量让学生说,能让学生做的尽量让学生做,能让学生听的尽量让学生听",以促进教师根据不同的教学内容采取不同的教学方式,充分调动学生的主观能动性进行学历案的设计,从而实现目标的高效达成。

"动静兼容",静中有动、动中有静,相互融合。

丰富并完善学科拓展课程。由学科教师在各门国家课程的基础上,根据学校教师专业能力,借助周边科研单位资源,开发学科知识拓展课程。课程设置分为学科知识拓展、学科辅导两类,体现差异性、探究性和开放性,满足不同学生的个性化需求。

2. 挖掘"山水文化"的内涵,建构"水石融合"课程实施策略

不断完善"水石融合"特色课程体系,让每个学生在自己喜爱的特色课程中锤炼出坚忍不拔的志向,不断增强学生的内驱力。发挥学校作为天河区立志联盟学校的优势,依据"立志—明志—笃志"的进程,实施以学生为主体的"自立、自砺、自励"的策略:

第一阶段:立志。通过读、悟、享立志故事进行榜样"引志""立志",明确课程对于人生的意义。

第二阶段:明志。通过课程的不断实施推进,让学生逐步领悟成功与失败、坚持与舍弃等矛盾对立统一的辩证思想,进一步明确自己的努力方向。

第三阶段:笃志。通过对课程学习后的"反思分享",结合"星级评价""立志达人评选"等"激励方式",达成"如何将志向贯彻学习活动始终""怎样发挥志向对学生学习成长的驱动作用",提升意志力,以实现"笃志"。

3. 整合周边资源,以融合式、项目式的方式实施校本课程

利用学校周边科研院所较多的资源优势,与院所的科普基地和实验室签署课程共建协议;借助广州市信息技术职业学校、广州市轻工职业学校等职业院校的资源,实施3D打印、机关王、STEM等学科融合及项目式课程。聘请广州体育职业技术学院专业教练开展篮球、羽毛球等体育竞技类课程。

(三) 课程评价建议

1. 学习评价

国家课程和校本课程评价贯穿于教学活动的每一个环节,体现"以人为本"的思想,根据"改进结果评价、强化过程评价、探索增值评价、健全综合评价"的评价原则。依托广州市教育局发布的"学生综合素质评价系统"平台,系统获取各学科学业成绩的数据和事实,采用重过程、多角度的、质性与量性相结合的学业评价方式,不断总结经验、发现问题,并为改进课程提供证据。

建立"阳光少年"星级评价体系,完善全面评价。星级评价体系基于"全程、全员、全面"记录学生课程学习各维度表现的过程性数据,建立"学生成长记录袋",通过"自

评+互评"的方式对德、智、体、美、劳进行全方位评价,引导学生正确认识自我、评价他人,学会自洽人生。

2. 教学评价

建立教师自评、互评机制,采取定期和不定期相结合方式,通过学生问卷调查、师生座谈、回看课堂录像分析等多种形式,从目标达成、课堂组织与实施、作业负担、学业成绩等多角度评价教师的课堂教学和学生的学习状况。制定广州市长兴中学课堂教学评价表,形成"双减"背景下的学校优课标准。

开展激励性评价,如"阳光教师"和"感动长兴人物"评比活动,弘扬优秀师德师风,激发教师活力。

3. 方案评价

由课程管理中心和教师发展中心定期对各学科学期课程纲要、单元学历案设计等进行检查,全面诊断、评估文本对于课程标准、教材要求的落实情况;结合学科教研、集体备课、专家督导,以及期中期末教学问卷调查(教师、学生、家长)、教师互评、学生座谈、备课组及科组评价等方式,分析各种课程文本与学生学情的贴合程度及课程文本的实施效果。

推进星级课程的开发,试行课程星级评价。通过学生反馈、教师听课、教研组研修、专家评审等方式,评选优秀课程纲要、优秀大单元教学设计等活动,体现教师开发课程的劳动价值,提升课程文本的质量和水平,形成优秀课程文本范式,促进精品、特色课程建设。

四、保障措施

(一) 组织保障

建立课程建设领导小组,负责课程建设的规划、审核、管理、评价的组织与实施。以校长为组长,副校长为副组长,组员由教师发展中心主任、课程管理中心主任、学生发展中心主任、团委书记、级组长、科组长组成。

教师发展中心负责学期课程纲要、学历案设计的理论指导;课程管理中心负责全校课程实施管理与评价、安排教师上课;学生发展中心负责家长课程实施和学生管理与评价;团委协助学生发展中心和课程管理中心开展工作。

(二) 制度保障

学校将陆续制定和完善《学校课程管理制度》《校本课程实施方案》《校本课程选修制度》《校本课程评价方案》《教师课堂教学评价制度》《校本教研制度》《"薪火工程"青年教师培训方案》等制度和方案,来保障学校课程的有效实施。

在学期末,课程管理中心通过问卷、座谈等形式对课程的实施情况进行分析,并将建议反馈给课程管理领导小组评估是否做出调整。

(三) 资源保障

1. 经费保障

学校加大对教学设施设备、课程场地、校外人力资源引入的资金投入,强化在日常管理中的利用,提高利用效益,满足课程建设的需求。

设置课程建设专项经费。对课程教材的编制、拓展课程的开设、专家指导引领、课程特色项目的评比、课程改革创新实践教学展示、家长以及社区资源的利用等,都提供相应的经费,确保学校课程建设的持续发展。

2. 场地保障

学校努力开发课程场地建设,利用中国科学院华南植物园、广州有色金属研究院、广东省科学院生态环境与土壤研究所等周边科研资源作为学生科普实践活动基地;利用广州体育职业技术学院体育馆,开展学校大型文体活动;作为广州中学教育集团成员校,利用集团资源,并且做好校本化转换工作。

3. 教师资源保障

学校提出"学科素养提升,学科边界拓展,活动案例深化融合"的专业发展要求。通过"专家引领""研训结合""同伴互助""自主发展"四个平台,促进教师教育理念的改变,实现教师知识结构的重整与优化。利用广州中学集团骨干教师轮岗项目,提升整体教师实力;邀请科学家进课堂,丰富学校拓展课程内容。

(编者:陈瑞、吴采、张洁、何劲帆、周裕文)

广州市长兴中学课程实施方案点评

《广州市长兴中学课程实施方案》定位在"取山水精华,育阳光少年",这是对学校"山水文化、阳光教育"育人体系的进一步延伸和发展;最为重要的是,这份学校课程实施方案还是对新颁布的《义务教育课程方案(2022年版)》和《广东省义务教育阶段课程实施办法(试行)》的进一步细化和落实,符合国家现实需要。这份课程方案要素齐全,并且各要素之间的关系紧密。整体上,这是一份比较优秀的学校课程实施方案。

该方案中的"背景与依据"部分比较详实,对学校的概况有了比较全面的分析;通过SWOT分析梳理了学校在课程建设上存在的优势、劣势、机会和威胁,这为后面的学校教育哲学和课程设置提供了重要的参考;对学生和社区的课程需求进行分析发现,需要为基础较好的学生开设提高类、选择性的课程,社区需要学校开设更多个性化和高质量的课程;学校愿景聚焦"取山水精华,育阳光少年"的理念,建成"新优质"学校,使命紧密围绕学校愿景,从学校站位、师资队伍、课程体系和学校文化等方面展开,学校育人目标简洁清晰、特色比较鲜明。

该方案的"学校课程计划与说明"部分按照国家规定展开,同时,对接学校愿景、使命和目标。具体而言,学校课程结构紧密围绕国家课程类型展开,并且服务学校育人目标;在校本课程的建设上聚焦学科拓展类、水石融合类展开,如果能够将"静养"课程和"敏行"课程区分就更好,或者不好区分就将两种课程整合。"课程设置和课程安排"符合国家要求,"说明"简洁明了。

该方案"课程实施与评估建议"部分围绕国家课程高质量实施、校本课程开发与实施、课程评价建议三个部分展开,这充分展现了课程实施方案的重点。具体而言,国家课程高质量实施从基于素养的教学、特色化劳动教育、"六学五能"教学模式建构以及学生减负出发,这符合国家课程实施的定位和时代要求。校本课程开发和实施聚焦于特色化校本课程体系建设和实施方式的创新。课程评价建议关注学习、教学和方案的评价,针对性比较强,具有较好的指导性。

该方案的"保障措施"部分从组织、制度和资源保障三个部分展开叙述,逻辑清晰,对于确保方案的落实具有较强的针对性。具体而言,组织保障部分聚焦学校层面建立专门组织机构确保本方案的落实;制度保障关注课程管理制度、校本课程实施制度等,能够从制度上确保课程实施方案的落地;资源保障则从经费、场地和师资三个最为重要的方面展开了论述,重点突出,能够为方案的落实提供重要资源支持。

(点评:雷浩)

15

培弘毅之志 育成功少年
——广州市天河区汇景实验学校课程实施方案

为贯彻落实《中共中央国务院关于深化教育教学改革全面提高义务教育质量的意见》，中共中央办公厅、国务院办公厅《关于进一步减轻义务教育阶段学生作业负担和校外培训负担的意见》，以及教育部《义务教育课程方案（2022年版）》和《广东省义务教育课程实施办法（试行）》的相关要求，在总结学校课程改革已有经验和传统的基础上，综合分析学校状况，形成学校育人目标——培养有理想、会学习、勇担当、敢创新的汇景"成功少年"，特编制本课程实施方案。

一、背景与依据

（一）学校概况

广州市天河区汇景实验学校创办于2004年9月，是一所九年一贯制公办学校。学校占地面积5.2万平方米，建筑面积3.95万平方米。现有77个教学班，3462名学生。截至2023年9月，全校在职教职员工在编215人，平均年龄43.95岁。其中，专任教师213人，高级职称教师54人（占专任教师的24.3%），中级职称教师117人（占专任教师的52.7%），取得硕士学位教师38人，国家、省、市各级优秀教师82人次。学校高位起步，经过近20年的发展已成为天河区乃至广州市有一定影响的品牌学校，办学质量和办学效益得到了家长、学生及社会的认可。

学校在过去的办学过程中已形成丰富的"成功教育"经验和优良课程发展传统。国家课程严格按照要求开足开齐，充分发挥学科育人的功能。校本课程种类多样、内容丰富，注重培养学生的兴趣与需求，发展学生个性特长。

在新的历史时期,学校课程面临前所未有的发展机遇。习近平总书记在庆祝建党百年的重要讲话中提出要"增强做中国人的志气、骨气、底气",鼓励青少年"要坚定创新自信,紧抓创新机遇,勇攀科技高峰,破解发展难题"。这为学校课程建设提供了方向指引。立足学校的"成功教育"办学经验及课程发展传统,新修订的学校课程规划从以下四个方面重新认识和理解"成功":

一是厚植家国情怀。激励学生坚定理想信念,让爱国主义精神在学生心中牢牢扎根,引导学生把自己的人生追求同民族复兴、国家经济社会发展紧密结合起来。

二是重视传统文化。充分利用我校入选广州市非遗传承基地的机会,丰富和拓展非遗传统项目,打造更多非遗传承课程,引导学生担当起传承和弘扬中华优秀传统文化的使命。

三是培育人文素养。激发学生学知识、用知识、创知识的兴趣,引导学生树立正确的世界观、人生观与价值观,具有以人为本的意识,尊重、维护人的尊严和价值,能关切人的生存、发展和幸福等。

四是培养创新意识。引导学生崇尚真知,尊重事实和证据,具有好奇心和想象力,能不畏困难,有坚持不懈的探索精神。

(二) SWOT 分析

表 15-1　汇景实验学校课程发展 SWOT 分析

	优势	劣势	机遇	挑战
教师资源	教师队伍整体素质较高,有想法、有干劲、有活力;教师专业素养较高,业务能力强;有一批敬业且有爱心、事业心和责任心的名师、骨干教师,部分教师有一定的开拓性和创造精神。	教师平均年龄较大,对于教学改革及新技术媒体存在畏难情绪;教科研水平不是很高;主动参与开发课程资源的意愿不是很强。	成为项目"种子学校";来自兄弟学校的课程开发、智慧课堂建设、"学历案"的教学改革的压力逼迫教师主动成长。	部分教师职业倦怠,教学改革和课程创新的动力不足。
学生状况	学生素质整体较高,视野开阔,多才多艺,多元发展;学生思维活跃,整体富于创造性。	在地段招生背景下,学生能力差异较大;九年一贯制学校学生年龄差距大。	学生希望校本课程丰富多样,希望教育评价制度的改革,渴望多元评价。	出口单一制约个性发展,中考压力制约校本课程的自主选择。

续表

	优势	劣势	机遇	挑战
课程资源	经过多年的积累，校本课程数量不少，指向多元，校内外社团课程资源丰富。	校本课程的评价瓶颈没有突破；校本课程与育人目标的一致性尚存差距。	成为广州市教育信息化2.0项目实验校，"种子学校"课程领导力提升工程的启动。	学校课程领导力的提升；"学习者中心"教育观念的确立。

（三）学生及社区课程需求

汇景实验学校一直关注学生的课程需求，积累了一定的经验。学生调查结果显示，目前学生对校本课程的满意度较高，达到92.5%，学生和社区对学校课程的评价是：学校的校本课程非常丰富，能做到多渠道、多元化促进学生的综合素质的提升，希望在专业化和趣味性方面有所提升，增加实践类、体验类活动。

（四）愿景、使命和目标

1. 学校愿景

汇景实验学校坚持"聚德汇智，养正育才"的办学理念，凝练和优化"成功教育"品牌，通过智慧化校园环境的建设，创新适性、多元、开放的培养路径，把学校建成一所学生成才、教师成功的现代化智慧教育特色学校。

2. 学校使命

（1）建构成功教育的课程体系，培养适应未来的汇景学子；

（2）培养技能精湛的教师团队，构建智慧型的专业共同体；

（3）优化智慧校园的文化建设，营造迈向成功的育人环境；

（4）推进领导团队的专业引领，建设卓越示范的品牌学校。

3. 育人目标

汇景实验学校根据义务教育培养目标，结合学校的优势与特色，制定育人目标——培养有理想、会学习、勇担当、敢创新的汇景"成功少年"。

二、学校课程计划及说明

（一）课程结构

广州市天河区汇景实验学校的课程包括国家课程、地方课程与校本课程三大组成部分。

国家课程是主体,由道德与法治、语文、数学、外语、历史、地理、生物学、物理、化学、体育与健康、信息科技、艺术、劳动、综合实践活动等14门课程组成。旨在使学生获得系统的学科知识和技能,形成关键能力、必备品格和正确价值观。

地方课程包括地方综合课程、生涯规划和创新教育,在三年级至八年级开设,整合实施。小学一至二年级开设英语、写字、信息科技课程,纳入校本课程课时统筹管理。校本课程包括科创课程、学科拓展课程、非遗课程等三类课程。

校本课程为学生提供更广泛的实践平台和成功经验,铸造"成功"的基石;夯实学生家国情怀与人文素养,奠定"成功"的精神底色;进一步培养学生的创新思维和实践能力,为学生成功奠定基础。

表15-2　汇景实验学校校本课程结构

校本课程	
课程类别	科目设置
科创课程	人工智能、MR编程、3D打印、智能机器人、创意机器人、航模、实验探究
学科拓展课程	国学、英语口语、双语阅读、语言艺术、创意美术、合唱、舞蹈、足球、篮球、羽毛球、跳绳、健美操
非遗课程	粤语、粤剧、广绣、广彩

其中,科创课程有科普类和高阶类两类课程,旨在为不同年龄和不同层次的学生提供适合的课程,通过物理空间的不断改造和创新氛围的营造,让创新的种子在汇景学生心里生根发芽;学科拓展课程在国家课程的基础之上进行延展、拓宽和加深,为学生创设学习环境,引导学生主动学习;非遗课程引导学生在了解、观察和体验广州市非遗传统项目的过程中建立起历史自信和文化自信,从而树立起责任感和使命感。

(二)课程计划与说明

根据《义务教育课程方案(2022年版)》,每学年新授课时间按照35周计算(初三33周)。小学每课时为40分钟,初中课时时长与小学保持一致,仍为每课时40分钟。根据广东省义务教育阶段课程计划表,制定学校课程计划表,见表15-3。

表 15-3　广州市天河区汇景实验学校课程设置及课时安排一览表

课程/科目　　　课时　年级	一	二	三	四	五	六	七	八	九
道德与法治	2	2	2	2	2	3	2	2	2
语文	9	8	7	7	7	6	6	5	5
数学	3	4	4	5	5	5	4	4	4
英语			4	3	3	3	4	4	4
历史							2	2	2
地理							2	2	
科学	1	1	2	2	2	2			
生物学							2	2	
物理								2	3
化学									4
体育与健康	4	4	3	3	3	3	3	3	3
艺术	4	4	3	3	3	3	2	2	2
信息科技			1	1	1	1	1	1	
劳动	3	3	5	4	4	4	6	5	5
综合实践活动									
科创课程(人工智能课程、其他科创课程)									
非遗课程									
学科拓展课程									
周课时	26	26	30	30	30	30	34	34	34

说明：

1. 此计划会按照广州市教育局的最新要求作相应的调整；
2. 《习近平新时代中国特色社会主义思想学生读本》作为必修内容，由思想政治课教师主讲，平均每周1课时，与道德与法治课、班团队、校本课程等统筹安排课时；
3. 劳动、综合实践活动、科创课程、非遗课程和学科拓展课程整合实施，纳入地方课程和校本课程课时统筹管理；
4. 除此之外，学校有效利用课后服务时间，整合校内外资源，创造各种条件开展体育活动、艺术创造、科学探究、学科实践与研学实践等课外活动。

三、课程实施与评价建议

（一）国家课程的校本化实施

严格按照国家课程方案要求(《义务教育课程方案(2022年版)》)，开齐课程、开足课时。

1. 编制基于课程标准的学期课程纲要和学历案

组织教师以科组为单位研读教材、课程标准，坚持素养导向，准确解读课程标准中的学业质量标准和学科核心素养要求。在深入研究学情、分析可获得资源的基础上，编制基于课程标准的学期课程纲要，替代原先的教学进度计划；在课程纲要的基础上，组织教师撰写单元学历案，开展学校单元学历案编制和使用经验交流专题会议，在使用过程当中对学期课程纲要和单元学历案不断进行更新迭代，提升全校教师的课程素养。

2. 探索智慧课堂建设

聚焦核心素养，探索"互联网＋"新技术与新媒体打造的"以学生为中心"的智能、高效课堂，创设有利于协作交流和意义建构的学习环境，通过学与教方式的转变，实现教学策略数据化、评价反馈即时化、交流互动立体化、资源推送智能化，建构符合学生个性化成长规律的智慧学习环境，并充分运用课堂数据分析系统，多元评价教师课堂教学行为和学生课堂表现行为，帮助教师科学分析教学实施的效果，进而精准施策，助力教师专业成长。

3. 创新教研机制

创新多维校本教研空间，搭建专业发展平台，以科组建设为抓手，围绕"学期课程纲要与学历案有效实施""中小衔接""信息技术赋能课堂教学"三大主题开展教学研究，大力推进校本教研。聚焦课堂与课例研究，以问题为导向，以课例为载体，开展以"学生学会"为目标、基于事实和证据的课堂观察与诊断，促进课堂学习效率和教学效率提高。通过理论学习、观察诊断、实践反思，促进课堂教学质量提升，赋能教师主动发展。针对课堂需要、学生需求、教师需求，适时、适切开展校本教研，实现校本教研的课程化、专题化和个性化。

4. 精研作业设计

在"双减"背景下，为减轻学生作业负担，学校聚焦作业设计，精心设计与应用三大类作业：基础性作业、拓展性作业和跨学科主题类作业。基础性作业以达成国家规定的学业质量要求为主。拓展性作业为学有余力或有兴趣的学生提供更有挑战性的、可选择的作业，鼓励学生在实践中、探究中习得新知和培养学生的学科核心素养。跨学科主题类作业围绕学科学习、社会生活中有意义的话题或问题，要求学生综合运用多门课程知识，开展自主、合作、探究式学习。教师应当在教学实践过程中，根据实际情况适当开展跨学科主题类作业设计，引导学生在真实的学科实践中主动学习知识、运用知识和建构知识，在做中学、悟中学、用中学和创中学，形成对核心知识和学习经验更深刻的理解，并能够在新的真实的任务情境中再一次获得能力的跃迁与核心素养的提升。

(二) 校本课程的合理开发

1. 校本课程的目标与结构

学校根据办学目标、办学特色、课程传统、学生兴趣及发展需求，鼓励教师积极参与校本课程的编写，打造"成功教育"精品课程群，着力课程品质的提升，着眼办学特色的形成。

2. 统整资源

学校借助周边高校、科研院所林立的地域优势，充分挖掘、利用专家和场地资源，拓展课程的深度和广度，开设高质量、高水平的校本课程；邀请和选聘家长、研究专家、行业精英、社区工作者作为校外辅导员，参与共同研发校本课程，彰显学校特色。

3. 规范管理

学校认真制定校本课程方案和制度，明确规定课程开发的目标、内容、形式、保障措施和评价方式。构建以校长宏观主控——教导处中观管理——课程教师微观实施的"三级联动"长效管理体系，形成责任明确、协调有序、监管严格、保障有力的课程管理机制。

(三) 课程评价的全面落实

课程评价涉及通过对各类课程开展的学习评价、教学评价和方案评价以获取相关信息，用来改进课程，实现课程的持续发展。

1. 学习评价

强化学生学习评价的动态性和伴随性，即开展贯穿课堂教学全过程的动态学习诊断与评价，包括课前前置性学习任务的测评与反馈、课堂实时形成性评价与即时反馈、课后作业评价和跟踪反馈。健全综合评价，重视过程评价与结果评价相结合，确保评价内容的全面性、评价过程的全程性与评价主体的全员性。推进增值评价，明确学生学习起点与终点的完整信息,确保评价信息的科学性与评价判断的合理性。

2. 教学评价

教师教学评价由课堂教学评价和阶段性教学评价组成。课堂教学评价内容包括课堂目标的设计与达成、课堂环节任务的设计与实施、课堂活动规则的设计与体现,主要通过学生评价教师、教师自陈报告或同伴评议获取相关信息;阶段性教学评价除了学生的纸笔测试成绩,还包括学生及家长对教师阶段性人才培养的认可度。

3. 课程方案评价

定期从各类课程文本中获取评价信息,并据此提出课程改进建议。学校课程文本主要有两大类:一是国家(含地方)课程的实施文本,如学期课程纲要、单元学历案、作业或试题编制以及教师自己开发的教辅材料;二是校本课程的实施文本,如校本课程学期课程纲要与教学方案。针对校本课程方案在实施过程中暴露出来的问题和不足,在每学期中和学期末分两次对其实施情况进行评估,并通过问卷、访谈等形式了解校本课程的满意度情况,听取教师、学生、家长的意见,评估目标达成度,总结课程开发成效,进而采取相应措施,及时调整更新原有方案。通过获得上述两方面的评价信息,持续改进相应的课程文本,最终完善学校课程实施方案,实现课程的持续发展。

四、保障措施

(一) 组织保障

设立学校课程发展委员会,对学校课程建设的规划、实施、监督、更新工作进行统筹管理,由校长担任负责人,该委员会的人员构成要涉及所有利益相关者,包括学生、教师、家长、社区的代表。主管教学的副校长具体负责领导教学部门落实国家课程的组织实施。校本课程以分管教科研的副校长为负责人,学科组长为组员,成立校本课程开发项目工作组,以项目引领课程的开发工作。

(二) 制度保障

实行科学的制度管理,制订并完善《学校课程管理制度》《校本课程实施方案》,进一步制定课程教研制度、教师培训制度、教师课程选报制度、学生选课制度、质量监控制度、教师考评制度等。

(三) 资源保障

学校为国家课程校本化实施和校本课程的建设创造良好的条件,在提供资金、设备、场地和师资等方面给予大力支持。

1. 师资保障

聘请专家担任客座教师,成立由校内外专家组成的教师团队,定期组织教研培训,通过专业引领不断更新教师的课程理念,提高课程实施能力;聘请关心学校教育而又有专长的社会各界人士和家长担任校外辅导员,指导学生开展课后探究;针对本校教师教学改革存在畏难情绪的现状,制定制度鼓励老教师与青年教师组队,在课堂教学先进理念和实践上互相切磋、相互学习、相互促进;激发教师的内驱力,为教师提供多样化、可选择的培训内容和模式,建立教师研究成果展示和分享平台,进一步完善教师专业发展的保障机制。

2. 场地保障

在确保学校课程场地的基础上,依托高校科研文化资源建设校外活动基地,实现联合开发,资源共享,提升课程品质。

3. 信息化保障

成立信息中心,始终秉承"技术赋能教育,创新联接未来"的理念,牢牢把握数字化、智能化时代发展变革的大势,不断提升教师学科教学和信息技术相结合的应用能力,实现学习方式和教育教学模式的数字化创新,适应未来智能社会的发展需要。

(编者:黄雯、石元元、黎韵怡、江玉澜)

广州市天河区汇景实验学校课程实施方案点评

为进一步深化基础教育课程改革,推动基础教育转向以"核心素养"培育为本,国家已于2022年颁布义务教育新课程方案。广州市天河区教育局积极响应,在区内选择一批种子学校,探索如何有效落实国家新课程,推动区域育人方式变革。这一尝试在全国范围内都堪称领先,具有重要的开拓与示范意义。

汇景实验学校是被寄予厚望的种子学校之一。自被选为种子学校,汇景实验学校便在区教育局、教师发展中心的领导下,和华东师范大学课程与教学研究所结成了专业共同体,并在合作研究的过程中摸索出了诸多有效的新课程落实进路与行动,其中最值得一提的便是研制汇景实验学校课程实施方案。其开拓与示范意义则集中表现为以下两点。

首先,整个学校课程方案的研制过程可以从概念层面提醒各地,九年一贯制学校要想在学校层面落实好新课程,首先必须做好专业系统的课程规划,从而突破过去习惯的分年级的一学期或一年课程计划。进而言之,从汇景实验学校的经验来看,今后校长要能讲好本校完整的课程故事,让教师、学生、家长等相关主体能迅速明白,从入学到毕业,将陆续学习哪些课程,为什么学,如何学,学了之后有何成长、收获等。

其次是实践层面,它所涉及的问题是具体如何做好学校课程实施方案和讲好课程故事。经过多年课程改革磨炼,目前一般都已掌握由"目标、内容、实施、评价、保障"等环节构成的专业化的课程编制框架,但这一框架多是针对校本课程。国家课程、地方课程和校本课程合在一起的方案怎么做,如何从国家要求、学生成长需要、学校传统与特色优势等层面厘清育人目标、课程计划、实施原则、评价及保障措施,则需要更为专业的课程视野与语言。就这一前沿、专业要求也更高的课程方案编制难题而言,汇景实验学校的课程规划方案能提供值得参考乃至借鉴的范例。

以上只是大致提炼了汇景实验学校课程实施方案看得见的开拓与示范价值。事实上,方案背后还有许多看不见的经验同样值得重视,其中最需特别提及的便是从校长到相关教师均为做好规划方案额外付出了大量时间与精力。仅仅弄清学生对于既有课程有何看法,有哪些新的课程需求,就需要开展扎实的调查研究。再如评价环节具体评什么,如何评,同样需要和学生、各科教师、课程专家等相关主体反复研讨。这些虽然没有呈现在汇景实验学校的课程方案里,但它却在背后支撑着整个方案的研制过程,提醒注意要想做好学校课程方案,每个环节和每个问题都需要投入严谨专业的课程研究。

(点评:周勇)

16

绘课程蓝图　育明珠少年

——广州市天河区明珠中英文学校课程实施方案

为贯彻落实《中共中央国务院关于深化教育教学改革全面提高义务教育质量的意见》，依据教育部印发的《义务教育课程方案（2022年版）》《广东省义务教育阶段课程实施办法（试行）》，广州市天河区明珠中英文学校围绕学校办学愿景和教育使命，结合国家课程有效实施的经验与砺珠特色课程实际，特编制本课程实施方案。

一、背景与依据

明珠中英文学校位于广州市天河区东部与黄埔区交接地带，是广州市明珠教育集团旗舰学校。

学校始终坚持"立德树人、质量立校、特色强校"的办学思路，以明珠文化根植校园，将管乐、舞蹈、科技、体育作为主体的特色教育融入学校课程体系，实施劳动教育、体艺与学科课程整合，持续推动素质教育向更高水平发展。2013年学校被评为"砺珠教育"广州市特色学校。

2021年《中华人民共和国民办教育促进法实施条例》的出台，对民办学校转型升级、规范办学行为、提升办学质量提出了更高的要求。近年来，我校家长群体素质越来越高，家长对优质教育需求增强，更加注重孩子的全面发展。为此，学校不断加大硬件投入，加强师资培训，提供了旨在满足学生多样需求的多元课程，为培养"身心健康、品学兼优、人格健全、中西融合"的明珠学子而努力。

(一) SWOT 分析

随着新时期基础教育改革的不断深入,以及新课程的实施推广,学校的课程发展面临着机遇和挑战。基于国家的需要、社会的期待和家长的渴盼,我们从地理环境、学校管理、教师资源、学生情况、课程资源几方面,对学校课程发展情况进行分析。

具体分析见表 16-1。

表 16-1 课程发展 SWOT 分析

分析项	优势	劣势	机遇	挑战
地理环境	地处天河区东部金融中心,家长素质相对较高,对孩子的期望值较高,重视孩子的多元发展。	学校位于天河区与黄埔区交界处的城乡接合部,部分家长因忙于工作而无暇关注孩子的学习;家长素质存在一定的差异。	根据义务教育均衡发展政策,以及天河区幸福标杆行动计划,重点强调提升区域教育均衡化发展;天河区东部建设金融城,高端人才不断引入,家长整体素质将进一步得到提高。	民办教育促进法的颁布与实施,天河区教育局对民办教育的管理要求,还有周边优质公办学校的开办,家长对优质教育的需求等,这些都会给学校的生存和发展带来极大的挑战。
学校管理	学校领导班子团结和谐,有干劲,有想法;有很强的执行力和领导力。	课程精细化管理有待进一步提升,制度的落实有待进一步加强。	国家教育教学改革,对办学资质要求更加规范,促进学校办学条件不断优化;顺利成为项目的"种子学校",该项目的实施,将进一步推进学校课程建设与发展。	民办教育新政出台,民办学校的生存压力变大,各民办校加快发展步伐,由之前的生源竞争,转为人才竞争,学校人才流失严重,需要不断培养新人。
教师资源	教师队伍结构合理,教学质量意识较强;作为集团旗舰学校,教师获得学习的机会较多,发展平台相对较大。	骨干教师较少,名师的引领性有待加强;部分教师的专业素养与新课程改革要求存在较大差距。	青年教师较多,干劲足,创新意识强,有较大的发展空间;集团注重对教师的培养,通过培训和完善薪酬制度来发展与稳定教师队伍。	部分教师的教学观念传统,学校缺少学科带头人。

续 表

分析项	优势	劣势	机遇	挑战
学生情况	大部分学生家庭环境较好,学生整体素质较高;家长重视学生全面发展,学生愿意参加校园丰富多彩的活动。	作为外来务工人员子女学校,学生家庭条件、入学准备、父母对孩子教育的重视程度差异显著,导致学生发展得参差不齐。	差异性带来选择性、个性化成长需求,新时代教育评价改革要求学校建立学生多元发展的新机制。	学生的课程需求越来越高,课程选择的差异越来越大,在追求成绩与发展爱好上冲突明显。
课程资源	拥有丰富的砺珠课程资源和特色教育活动;被评为广州市劳动教育试点单位,有丰富的劳动教育课程资源。	课程资源的开发力度还不够,课程门类没有满足学生的需求;课程资源整合性和体系性不足。	片区联盟学校有丰富的课程资源,可以借鉴学习;学校领导班子课程设计与管理意识有较大提升。	课程资源的统整性有待进一步加强;与育人目标相吻合的课程体系有待完善。

(二)课程发展需求分析

1. 学生发展需求多元

明珠中英文学校位于广州市天河区东部与黄埔区交接地带,作为外来务工人员子弟学校,学生在基础、特长爱好、学习能力等方面存在很大差异,课程需求多样。调查结果显示,学生对国家课程的总体满意度达到95.1%,对现有校本课程的满意度达到86%,其中对科技、学农、舞蹈、足球、管乐、篮球、轮滑、编程课程的满意度特别高,同时也期待学校开设或丰富家政类、手工类、科技类课程。

2. 家长、社区对课程的需求

我校有36%的家长利用节假日给孩子报了兴趣特长班,有96.1%的家长希望学校能开设更多的体艺课程、科技课程、家政课程,给孩子更多展示的机会。有多名家长愿意参与学校的课程建设,为学校提供丰富的课程资源。

(三)愿景、使命和毕业生形象

1. 愿景

为学生提供丰富而合适的课程,使每一位独具个性的学生在德育、智力、体育、美育、社会方面得到充分发展。努力打造一支"团结、敬业、奋进、求实"的教师队伍,为把学校办成"环境优美,设备一流,管理规范,质量较高,特色彰显"的家长满意的学校。

2. 使命

（1）构建砺珠课程体系,创造适合学生发展的教育新模式；

（2）打造卓越教师团队,培养积极、专业、高效的教师队伍；

（3）营造和谐育人环境,打造体育与艺术双优的特色学校。

3. 毕业生形象

落实义务教育"有理想、有本领、有担当"时代新人的培养目标,结合学校育人传统与优势,培养"身心健康、品学兼优、人格健全、中西融合"的明珠少年。

二、学校课程计划与说明

（一）课程结构说明

广州市天河区明珠中英文学校课程结构包括国家课程和砺珠课程两大组成部分。

国家课程包括道德与法治、语文、数学、英语、物理、化学、生物学、历史、地理、体育与健康、艺术、信息科技和综合实践活动、劳动等课程。

地方课程包括地方综合课程、生涯规划和创新教育三门课程。

砺珠课程整合了地方课程和校本课程,分为中西融合、学科拓展、个性特长三大课程类别。中西融合包括中西礼仪文化、岭南特色文化、英语口语、英语戏剧表演等；学科拓展包括文学经典欣赏、数学思维拓展、语言艺术、科学竞赛等；个性特长包括西洋管弦乐、体育竞赛、德育实践、综合艺术等。

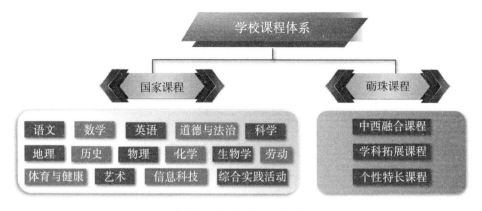

图16-1 学校课程体系

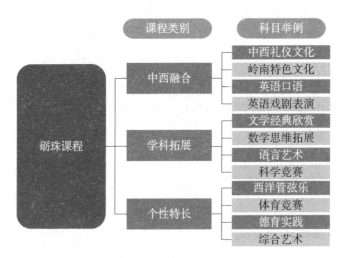

图 16-2 校本课程结构

表 16-2 明珠中英文学校课程设置及课时安排

科目/课程	周课时								
	一	二	三	四	五	六	七	八	九
道德与法治	2	2	2	2	3	3	2	2	2
语文	9	8	7	7	6	6	6	5	5
数学	3	4	4	5	5	5	4	4	4
英语			3	3	3	3	4	4	4
历史							2	2	2
地理							2	2	
科学	1	1	2	2	2	2			
物理								2	3
化学									4
生物学							2	2	
信息科技			1	1	1	1	1	1	
体育与健康	4	4	3	3	3	3	3	3	3
美术	2	2	2	1	2	1	1	1	1
音乐	2	2	1	2	1	2	1	1	1

续 表

科目/课程	周课时								
	一	二	三	四	五	六	七	八	九
劳动、综合实践活动、英语口语、班团队活动、砺珠课程（中西融合课程、学科拓展课程和个性特长课程）	3	3	5	4	4	4	6	5	5
周课时总量	26	26	30	30	30	30	34	34	34
新授课总课时	910	910	1 050	1 050	1 050	1 050	1 190	1 190	1 122

说明：

1. 此计划会按照广州市教育局的最新要求作相应的调整。

2. 每学年共39周。一至八年级新授课时间35周，复习考试时间2周，学校机动时间2周；九年级新授课时间33周，第一学期复习考试时间1周，第二学期毕业复习考试时间3周，学校机动时间2周。学校机动时间用于集中安排劳动、科技、文体活动等。

3. 一至二年级每周26课时，三至六年级每周30课时，七至九年级每周34课时，九年级授课总课时数为9 522。每课时按40分钟计算。

4. 根据《广东省义务教育阶段课程实施办法（试行）》，劳动、综合实践活动、地方课程与校本课程课时可统筹安排，因此把劳动、综合实践活动、班团队活动等与校本课程中重复交叉的内容进行整合，开展跨学科主题学习、劳动研学实践、志愿服务、科学探究等实践活动。采取集中（如劳动研学、志愿服务）和分散（常规课程）相结合的形式，科学、灵活安排课时，实现国家课程与地方课程的校本化赋能。

三、课程实施与评价建议

（一）有效实施国家课程

认真落实《义务教育课程方案（2022年版）》，开齐、上足、教好国家课程。严格依据国家课程标准开展教学，充分发挥每一门课程的育人价值。

1. 落实"双减"政策，夯实教学常规

落实"双减"各项要求。不超纲教学，不人为提高教学难度，期末测试不进行排名；严格按照课程标准，规范教学常规，确保课程实施规范、高效。

优化作业设计。要求老师精选课后作业，针对学生的差异，分层、适量布置家庭作业，完善作业公示制度，充分发挥作业的学情反馈、巩固提升、素养发展的功能。

2. 开展单元学历案教学，助力高效课堂

推进单元学历案的编写与课堂应用，打造高效课堂，提升学校教育教学质量。在教学设计上重视单元整合设计，注重知识间的关联性；改变传统课堂教学模式，由之前以老师的"教"为主体的教学设计转化为以学生的"学"为主体的教学设计,由"教教材"向"用教材教"转变,以真实的情境设置问题,通过探究合作学习,培养学生综合运用知识解决实际问题的能力,促进学生思维能力、实践能力和创新意识的发展,培养学生的学科核心素养。

3. 优化育人途径,实施因材施教

实施分层走班教学。切实减轻学生学业负担,针对学生学习差异,为有不同学习基础与潜能的学生提供适切的学习资源与有针对性的教学指导,满足学生个性化学习的需要,培养学生自主学习的能力与自主管理的习惯,提高学习自信心。

(二) 合理开发砺珠课程

不断优化砺珠课程类别,丰富课程内容,以满足学生个性发展的需求,激发学生学习兴趣,为学生创设丰富、快乐的校园生活。

1. 编制校本课程手册。开学第一周发放和组织学习砺珠课程实施手册,主要向学生介绍课程意义和课程内容、选课条件、任课教师、评价方式等。

2. 建立砺珠课程选课程序。开学第一周进行选课,学生根据学校公布的课程表,在班主任的指导下,确定选课课程。因校本课程采用自选方式,可能会导致各校本课程选择的不均衡,因此,选课可按以下几种方式进行:

根据学校第一次提供的课程信息,按照自己的兴趣爱好以及家长的建议选课。

根据学校第二次课程补录信息选课。每门课程均限制修学人数,以学生在"课程超市"软件上提交课程的先后顺序确定选课。

对于个别学生因操作失误,而要求换课程的情况,需由学生递交申请,班主任上报教导处进行协调,做出相应处理。

选课结束后,学生不得随意更改选课,应按时到既定地点上课,完成相应课程的学习。

3. 实施分层、分类走班

分层走班。为防止课时和场地的冲突,课程错时交叉安排:周一和周三开展一、二、三年级学生砺珠课程,周二和周四开展四、五、六年级学生砺珠课程,周三、周五开展初中部学生砺珠课程;每门课程分为 A(基础)、B(提高)、C(拓展)三层,学生通过选课进入其中的某个层次所对应的班级。

分类走班。砺珠课程体艺特长类是以自助式社团形式开设的,以学生的需要为基础,以学生自行设计、自愿选择、自主活动、自我评价为特色。

(三) 课程评价的建议

1. 国家课程的评价

教育教学质量始终是学校的生命线,有效的课程评价是确保学校教育教学质量、促进教师专业发展的重要举措。为了让每一位教师从课程评价中看到自己的发展,同时在课程的实施中看到学生的发展,学校从教师和学生两个方面对课程进行考核评价。

(1) 教的评价

有效课堂。认真落实教学五环节,结合学校课程计划和工作计划,对教师的备课、上课、作业、辅导及评价都作了明确的规定。通过推门课、跟踪课、研讨课、展示课等多种听课形式,加强对教师课堂教学情况的了解和教学技能的指导,进而提升教师的教学水平。

规范教学行为。学校建立巡课机制,确保课程安排得到有效落实。每月进行月度评比考核,对教师的备课、课堂、作业等进行检查,促进教学常规更加规范有序,教师专业发展更有动力。

积极开展教学竞赛。一方面鼓励教师积极参加教育部门组织的各级教学比赛,另一方面开展校内的学科赛课活动,通过以赛促研,促进教师的专业成长。每学期定期开展丰富多彩的教学比赛,如新秀杯课堂比赛、青年教师说课比赛、骨干教师微课比赛、教学设计比赛、艺术技能竞赛等,教师在竞赛平台上切磋教学武艺,互相学习,共同提高。

多维度的评价。按照新课标要求,落实课堂中学生的主体地位,通过"学科竞赛""学科教研""常态课"等,多维评价,努力实现教师教学方式和学生学习方式的根本转变。

(2) 学的评价

学习评价要以促进学生发展为目的,采用多元评价方式,关注学生的学习兴趣、学科学习情感态度价值观、品德行为及身心健康。

开展综合评价。教师根据培养目标与学生的实际、学科的特点,设计每个学科的评价内容,每学期多次从态度与情感、认知、语言、自理、运动、个性特点等多方面进行,每个月年级组评选"学习之星""进步之星""文明之星""才艺之星""科技小达人""劳动之星",对成绩优异、表现突出的学生进行表彰。

提升评价质量。对小学一、二年级进行综合性实践探究测评,小学三至六年级进行期末质量调研,初中进行期中期末质量调研等测评,依据课标规定的目标与标准确定考试方式和组织命题,注重紧密联系社会实际与学生生活经验,强调对综合运用所学知识分析解决实际问题能力的考查,要有利于促进学生核心素养的发展。

运用结果改进学习。评价结果严格采用等级制,发挥评价对学生学习的激励、诊断和改进作用。教师要指导每个学生认真分析测评结果,帮助学生改进学习方式,进一步提高学习成绩。通过对每一位学生的测评结果的分析和说明,改进和提高教学质量。

建立成长档案。采用建立一人一袋档案袋的形式,运用观察、记录、交谈、作业分析、考查等方法,随时记录学生在学习过程中的发展变化,综合利用和分析各种评价信息,为每个学生建立电子档案。

2. 砺珠课程的评价

(1) 等级评价。主要考核学生的课堂参与情况、基本能力和学习成果。为体现评价的公平公正,要有一个统一的评价标准和操作细则,便于学生比对、自查,便于教师有效开展教学,准确实施评价。

(2) 展示评价。在每个学期结束前,各社团课进行全面展示,展示形式多种多样,有舞台艺术表演,有体育项目竞技,有绘画、手工作品展示等,成绩评定由各社团课老师和学生共同打分评价,并评选出"明珠之星"。

(3) 校本课程方案评价。在学期末由学生对校本课程进行"满意度"的打分,保留受学生欢迎的校本课程。新学期再组织和动员教研组申报新的校本课程,通过审核和筛选,使校本课程不断趋于成熟和完善。

四、保障措施

(一) 组织保障

为了有效实施学校课程计划,落实课程育人目标,学校专门成立了课程实施领导小组,负责学校课程建设的统一规划和部署、协调,并对学校各部门职能进行新的调整与定位,建立由课程管理负责人、学科骨干、家委会构成的学校课程评议委员会,健全与新课程相适应的学校课程管理组织系统。

1. 课程研究部。对学校课程规划进行顶层设计,管理课程开发、实施、评价等过程性工作。

2. 师资培训部。由师资培训部开展项目引领的校本教研,提升教师的课程执行

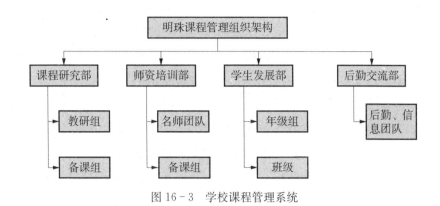

图 16-3 学校课程管理系统

力。由课程研究部牵头,以学科教研组为单位,组织各备课组教师研制年段(学期)课程目标,进而帮助教师开展基于标准的教学。

3. 学生发展部。维护与更新选课系统,对学生的选课进行指导等工作。

4. 后勤交流部由总务处与家委会构成,主要负责课程落实过程中的后勤与监督工作。

(二) 制度保障

完善课程管理制度。组建由学校、家长、学生各方代表参与的课程委员会,建立明珠中英文学校课程审核架构。进一步完善课程申报流程,先由老师自主申报,再由课程委员会审核并发布。

完善课程开发、申报、审核流程。建立骨干教师引领下的整合各方资源的砺珠课程开发团队。完善课程开发步骤,从组织建立、现状分析、目标拟定、方案编制、解释与实施到评价修正等方面建设完备的课程开发程序。

完善学生选课机制与流程。充分利用信息平台完善选课机制,通过学校网络平台发布课程信息、学生网上自主选课、教务处排班、落实课程并告知等流程。

(三) 资源保障

教师是学校的第一资源,教师素质直接决定课程的质量。进一步完善"学科组—学习团队—骨干教师引领"的校本研修培养模式,有效促进全员教师的专业成长。学校积极为教师搭建合作交流平台,不仅将专家"请进来",还要将老师"送出去",指导教师在学校内部多开展"评课议课""案例分析""课例研讨"等研训活动,为教师搭建更多的学习平台,促进教师专业水平的提高。

学校教学设施设备完善,利用有效。学校有塑胶田径场、篮球场、足球场、标准化实验室、地理园、手工作坊室、书法室、图书阅览室、多功能报告厅、劳动实践基地等标准化设施,每个教室都配备现代化教学设备。建立开放式的信息网络化平台,保证资源共享的透明度,能更规范、更有效地进行课程规划与实施。

(四) 经费保障

学校设立课程实施专项经费,全力满足对教学设施设备、课程场地、校外人力资源引入所需资金,用于支持教学材料的编制、拓展课程的开设、专家指导引领、课程特色项目的评比、课程改革创新实践教学展示、家长以及社区资源的利用等。学校对课程开发、实施中取得的优秀教学成果给予奖励。

(编者:黄一龙、佘剑波、肖双喜、杨玉平、方林)

磨砺成珠——一份有教育思想、达到专业水准的课程实施方案

广州市天河区明珠中英文学校课程实施方案的研制,在华东师范大学课程与教学研究所专业团队的指导下,经过学校一年的努力,前后修改不下十余稿,终于达到了比较理想的水平。总起来看,这是一份有教育思想、有专业水平、可操作实施的课程方案。

一、课程方案体现了学校所秉持的教育哲学

一所学校,是否有自己的教育哲学,首先看是否有明确、适宜的育人目标。明珠中英文学校经过长期的探索,将学校的育人目标定位于培养"身心健康、品学兼优、人格健全、中西融合"的明珠少年上。这一育人目标不是凭空而来的,而是对长期办学探索的沉淀。从内容上看,育人目标是整全的,是对全面发展的"学校化"理解。这种"学校化"理解,将中英文学校的特色以"中西融合"的方式体现出来了。学校的教育哲学,还体现于办学愿景与使命上。办学愿景其实就是学校的发展方向与理想状态,而办学使命则是将愿景化为"实景"的具体路径。

二、课程计划:国家课程打底、校本课程着色

明珠中英文学校的课程计划体现了国家课程和校本课程的融合与互补。如果用一句话来概括,就是"国家课程打底,校本课程着色"。国家课程是普遍性的强制要求,是党和国家教育意志、意图的体现,必须全面、扎实地落实。可以说,国家课程的落实,为学生的成长奠定了一个普遍的基础。但国家课程不可能兼顾到每所学校的独特性,校本课程的作用,就在于在国家课程所奠定的坚实基础之上,将学校的独特性体现出来,用校本课程来满足学生发展的多样性需求。明珠中英文学校的校本课程"砺珠课程",包括中西融合、学科拓展、个性特长三大类别,就是对国家课程的校本化补充,起到"着色"与个性化的作用。

三、"砺珠课程"特色鲜明

明珠中英文学校的课程实施方案,最大的亮点是"砺珠课程"。作为校本课程,"砺珠课程"由中西融合课程、学科拓展课程、个性特长课程三类构成。第一类课程,是由学校特色生长出来的,作为中英文学校,必然要突出中外文化的融合。学科拓展课程则属于国家课程,尤其是学科类课程的拓展,包括文学、科学、劳动、综合实践活动课程等。当然,这一拓展,同样也是结合学校特性的。比如学农综合课程,就是结合学校所独有的农业种植园地所设计的。个性特长课程则是专为满足学生多样化的课程需要所开设的。

"砺珠课程"的鲜明特色不仅体现于设计上,还体现于实施上。"砺珠课程"有一套成熟的选课程序,通过分层走班、分类走班等方式满足学生个性化需要。

明珠中英文学校课程方案所取得的这些成就,不是偶然的。第一是研究态度。与华东师范大学课程所专业团队合作之后,黄一龙校长组织课题组对课程方案进行了持续不断的钻研,这个成果就是这种钻研精神所结出的硕果。第二,课程方案的设计没有脱离学校的历史与传统,是对已有经验与实践的理论加工和提升。第三,更难能可贵的是,学校敢于面对自身劣势,有一个健康的"学校元认知"。第四,也是最为重要的一点,学校能够准确把握并力求满足学生发展需要的多样性。

所有成绩的取得都不可能是轻而易举的,所谓"磨砺才能成珠"。

(点评:高德胜)

17

强外语特色　育和雅君子
——广州市天河外国语学校课程实施方案

为贯彻落实《中共中央国务院关于深化教育教学改革全面提高义务教育质量的意见》和教育部《关于全面深化课程改革落实立德树人根本任务的意见》的精神,学校依据教育部《义务教育课程方案(2022年版)》以及《广东省义务教育阶段课程实施办法(试行)》的要求,适应广州市特色课程和特色学校建设的需要,提高课程实施的质量和水平,实现学校特色发展,培育学生核心素养,对课程进行系统改革和详细规划,特编制本课程实施方案。

一、背景与依据

(一) 学校背景与课程发展经验

广州是全国改革开放的前沿城市,天河区是广州的科创中心、教育强区,新时代天河人民对"公平而有质量的教育"有新期待和新要求,天河教育志在打造广州基础教育"幼有善育、学有优教"幸福标杆。广州市天河外国语学校作为天河教育的一面旗帜,应回应社会的需求,满足天河教育的需要,担当起为天河经济发展和广州教育创新助力的重任。

广州市天河外国语学校创办于2012年4月,是天河区委、区政府重点打造的一所小班化、优质化、个性化的外国语学校,旨在满足老百姓对优质教育的需求。学校成功申报成为广东省新课程新教材实施示范校、广州市中小学深度教学改革实验项目试点学校、广州市首批国际化窗口学校培育创建单位,需要根据学校发展和育人目标对学校课程进行系统设计与重构。

学校在课程发展方面积累了丰富的经验,国家课程得到了比较好的实施,校本课程丰富多样。学生对学校课程总体的满意率为82%,对校本课程授课教师的满意率达到90%。然而,随着经济社会的发展,学生的课程需求也发生了一定的变化,他们反映的问题主要集中在以下几个方面:一是学校开设的课程种类不够齐全,教师教学要提高备课质量和授课效果,要充分利用校外资源开放办学;二是希望学校开设满足潜能特长发展的科技创新(如人工智能)、社会实践(如高校访学)、学法指导等课程;三是学校的课程和学校的发展方向及学生的培养目标不够匹配,课程结构不够完善,质量有待提升,一些课程的内容需要优化,以更好满足学生对优质课程的需求,促进学生更好地发展。

家长对学校的课程期待集中体现在"双减"之后如何提高课堂效率、减轻学业负担、实现轻负高质上,期待学校用更加优质的课程回应家长和社会的需求。

学校对课程发展的基础进行了SWOT分析,如表17-1所示。

表17-1 学校课程发展SWOT分析

	优势	劣势	机遇	挑战
声誉	教育教学质量引领天河,领跑广州,成为天河优质教育的代表,赢得社会的充分肯定和认可。	对拔尖创新人才的培养不够。	通过课程开发促进学校优质发展。	学校不能持续高位进步,发展压力加大。
师资	教师平均年龄36岁,教师队伍学历层次高、年轻有朝气、学习肯钻研、愿付出奉献,有专业水平和研究能力,对新事物接受程度高。学校有完善的教师培训体系,不断提升教师的专业能力,为课程实施提供保障。	年轻教师经验不足,家庭负担重,培训学习时间少,持续发展后劲不够。	教师年轻化,可以更新教育观念,创新发展模式,优化教育机制,实现学校持续发展。	区域和学校的吸引力不够,无法为学校的持续发展提供高质量师资。
生源	整体生源质量较好,尤其是高中生源持续优化。	初中全区摇号,已无生源优势。高中面临省市属学校的竞争,本校初中规模偏小,对高中生源有影响。	小班化、全住宿、教师优、有特色、质量高对优秀生源有很大的吸引力。	对优秀学生的引领和提升不够,学生的综合素养发展不够均衡。

续 表

	优势	劣势	机遇	挑战
课程	有较为完善的"和雅"特色课程和"外语+科技"的创新课程,并已经实施多年,有良好的基础和提升空间,建立了旨在培养拔尖创新人才的创新课程体系,系统开设了"外语+科技"的拔尖创新人才培养课程。	缺乏指导规范和引领,精品课程不多,过程和评价不到位。	成为项目的"种子学校",有专家引领指导,有助于课程的优化。	理论高度、课程安排、管理制度、实施过程无法规范和优化。
资源	区委区政府重点扶持,周边社区、大学和家长给予充分支持。	学生人数少,公用经费偏少,阻碍学校的特色发展。项目经费严重不足,对学校优质发展的支持不够。	学校高位优质发展,能够依靠社会声誉争取更多支持。	政府的持续投入不够,学校争取的资源有限。
环境	校园紧凑,功能分区合理,有利于校园文化的建设;学生身处其间,身份认同感强。	场地不足,尤其是科技教育场地和创新实验室不足,限制了学校的发展和课程的开设。	新校区规模大,为教育教学提供了充足场地,为学校提供更大的发展空间。	新校区建设的规划设计待优化,建成时间长。规模扩大带来更大的管理和质量压力。

(二) 愿景、使命和毕业生形象

学校教育哲学是课程发展的灵魂。进一步厘清学校的愿景、使命和毕业生形象是制定学校课程实施方案的一项基础性工作。

1. 愿景

广州市天河外国语学校经过10年的发展,已经成为一所教育理念先进、教学模式创新、师资队伍优秀、学生全面发展、教育质量优异的现代化与国际化公办寄宿制完全中学。下一个10年,我们努力把学校办成以外语为学科特色、以多元为文化特征、以和雅为人才规格、以卓越为质量追求的示范学校。

2. 使命

为了实现学校发展愿景,进一步提升办学质量,学校将履行如下使命:

(1) 凝练特色先进的办学理念,创建优秀示范的特色品牌;

(2) 培育专业卓越的教师团队,探索深度学习的高效课堂;

(3) 开发丰富多样的课程资源,打造人人出彩的校园文化;

(4) 探索创新人才的培养路径,提升学校办学的整体质量。

3. 毕业生形象

依据义务教育培养目标,落实"有理想、有本领、有担当"时代新人的培养要求,学校在广泛征求意见和充分论证的基础上,拟定广州市天河外国语学校的毕业生形象为"立己达人、文理并重、中西融合、特长突出"的和雅君子。

立己达人:修炼品德人格;

文理并重:提升综合素质;

中西融合:胸怀家国天下;

特长突出:发展个性潜能。

二、学校课程计划及说明

(一) 课程结构

学校课程由国家课程、地方课程和校本课程三个部分组成。国家课程包括道德与法治、语文、数学、外语、历史、地理、物理、化学、生物学、信息科技、艺术、体育与健康、劳动和综合实践活动。地方课程包括地方综合课程、生涯规划和创新教育,在三年级至八年级每学年开一门,或单独或整合实施。校本课程是学校的"和雅"特色课程,包括立己达人课程、科技创新课程、语言文学课程、体育艺术课程和国际理解课程五类课程,形成座驾精灵、课本剧、卓越外交官、游学世界、管弦乐团、第二外语等精品课程,如图17-1所示。

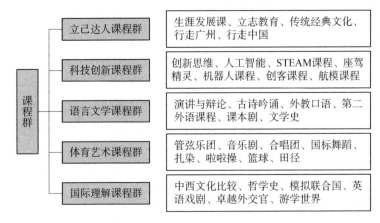

图17-1 广州市天河外国语学校校本课程体系

(二) 学校课程计划与说明

表 17-2　广州市天河外国语学校课程计划

课程 \ 年级	七	八	九
道德与法治	2	2	2
语文	6	5	5
数学	4	4	4
外语	4	4	4
历史	2	2	2
地理	2	2	
生物学	2	2	
物理		2	3
化学			4
体育与健康	3	3	3
艺术	2	2	2
信息科技	1	1	
劳动	2	2	2
综合实践活动			
立己达人课程	4	3	3
科技创新课程			
语言文学课程			
体育艺术课程			
国际理解课程			
周课时总量	34	34	34

说明:

1. 此计划会按照广州市教育局的最新要求作相应的调整。

2. 每学年新授课时间35周(九年级33周);每学年复习考试时间2周(九年级第一学期复习考试时间1周,第二学期毕业复习考试时间3周);每学年学校机动时间2周,学校集中安排劳动、社会实践、拓展课程和科技文体活动等。

3. 结合外国语学校的外语教学,开设了日语、法语、德语和西班牙语等四门二外课程,安排在学校课程表中。

4.《习近平新时代中国特色社会主义思想学生读本》作为必修内容,由道德与法治课教师主讲,平均每周1课时,将与八年级道德与法治课、班团队课等统筹安排课时。

5. 有效利用寄宿制学校课后服务时间,整合学校资源开展体育锻炼、艺术活动、科学探究、劳动与研学实践等课程。

6. 校本课程:初一利用每周一下午第9节,周二下午第8、9节课,每周三下午第9节课时间开展。初二利用每周二下午第8、9节,周三第9节开展;初三利用周二下午第8、9节开展,周三第9节开展。

三、课程实施与评价建议

(一) 有效实施国家课程

遵循国家课程校本化实施要求,深化教学改革,探索新课程背景下的新评价方式,高质量完成国家课程教学任务。

1. 落实国家课程政策,开展基于课程标准的教学

课程标准是学科教育之"母"。教师要认真研读课程标准,正确理解每门课程所培养的核心素养,全面把握素养导向的"目标一族"(课程目标/学段目标、课程内容、学业质量)的要求,深刻领会课程实施建议与教学提示,积极探索基于课程标准的教学与评价。教研组要组织教师研究课程标准、教材与学情,编写学科课程纲要,以替代原来的教学进度计划。教师要学习编写基于课程标准的学历案,体现核心素养导向下单元教学的整体性,提高教学设计的质量和水平。

2. 更新教师观念,强化"教学评"一致性

要充分发挥评价对教学的导向和监控反馈作用,将评价作为教学活动的重要组成部分。教师要始终关注教学内容和目标、学习过程和学习效果、课堂教学和作业评价的一致性与统一性,将评价贯穿在课堂教学的始终。在课程标准的统领下,注重教学目标、评价任务、活动开展、作业设计和学习反思等教学环节,探索"逆向"的教学评一体化设计,实现目标导向的有效教学。

3. 优化课堂教学,实现课堂转型

顺应课程改革和新课程教学的需要,学科组制定《学科课程纲要》,学校将制定《广州市天河外国语学校学历案实施方案》,以学历案为抓手,推动学习方式与教学方式的变革,变"讲堂"为"学堂",变"教学"为"导学",变"学会"为"会学"。通过任务驱动、问题导引和观念引领的方式,开展大单元教学,注重学习经验的结构化,推动学生自主、合作、探究的学习,实现深度学习。

4. 强化过程管理,实施科学评价

要加强教师集体备课、教学设计、课堂教学、作业设计、质量监测、学生辅导的全过程管理;积极开展全员德育工作,做好学生个性化指导和面批答疑,及时解决学生的学习困难;注重"智学网"和"青小鹿"软件的使用,提升智慧管理的能力,通过量化数据分析,实施精准教学,使质量分析和评价更为科学。开展评教评学活动,充分了解学生的学习特点和学习要求,落实以学定教的理念。加强教学督导和听课指导,开展教师的培训和经验交流,提升教师的能力和专业水平。

5. 加强资源建设,服务教学需要

学校推进教学资源和内容设计重组研究,使教学内容更符合学生实际。各个科组开展教学设计、教学内容和综合测试的资料资源电子化,做好资料收集工作,推进学校课程教学资源库建设。积极推进小升初、初高中衔接的教学实验,整合教学资源,合理安排教学内容和教学进度,优化拔尖创新优秀学生的培养方案。

6. 优化校本教学研究,促进教师专业发展

教研组要合理编制校本教研计划,明晰校本教研的内容,定期开展校本教研活动。认真学习新课程所倡导的核心理念,充分研究课程标准、教材内容、学生实际,积极推行大单元教学,坚持素养导向,强化学科实践,推进综合学习,落实因材施教。大力推进教师学习,完善教师自身的知识结构,弥补教育评价领域的知识缺陷,提升教师的评价素养。开展研讨课、公开课、示范课和开放日活动,在学习交流中提升教师的业务水平。

(二)合理开发校本课程

1. 聚焦育人目标,开发精品校本课程

坚持"卓越发展"的办学理念,结合学校的愿景和使命,围绕"和雅君子"的育人目标,完善立已达人、科技创新、语言文学、体育艺术和国际理解五类课程。

2. 调动教师积极性,不断丰富课程门类

倡导每位教师在开好国家课程的前提下,结合自己的专业优势和个性特长,开发至少一门校本课程。充分利用家长、社区、高校和专家资源,为学生提供高质量的校本课程,促进学生个性特长的发展,发展学生的潜能。

3. 充分整合资源,不断打造精品课程

学校集中力量开发本校精品课程,如"创新思维拓展课程""生涯发展课""座驾精灵""校园华尔兹""管弦乐团""行走广州""行走中国""卓越外交官""模拟联合国代表队"等。同时,为了提高课程的质量和效果,学校加强对教师的培训,提高教师的课程开发能力,并邀请专家、学者、家长和外校教师,担任学校校本课程的授课教师。

4. 举行"和雅论坛讲座",拓展学生视野

学校每学期开设 10—15 个讲座,邀请院士、大学教授、学者、企业高管、律师、政府官员、家长等做授课教师,围绕现代科技、人文和传统文化、外交、时事国情、心理健康、区域和国家发展等举办讲座,扩大学生的知识面。

(三) 全面推进课程评价

根据《深化新时代教学评价改革总体方案》的精神,结合学校在课程评价方面的探索,学校将进一步规范学习评价、教学评价与方案评价。

1. 科学评价学生学习

改进结果评价。从单纯的知识点考查到素养能力的考查,着眼于学生综合素质的提高。

强化过程评价。通过采集的学生参与学习的过程、习惯方法、表现情况的数据进行评价,完善学生综合素质评价,充分使用"青小鹿"软件记录学生的过程性学习情况,提高过程性评价所占比例。

探索增值评价。以学生发展进步情况作为评价标准,加大对进步学生的表彰力度。

健全综合评价。既注重对学生"德智体美劳"全面发展的评价,也注重对学生个性特长的评价,对"文明之星""学习之星""艺术之星""体育之星""科技之星""礼仪之星"等进行表彰。

2. 正确评价教师教学

基于课程标准,创新评价形式,形成开放课堂互相听课学习的良好氛围,促进教师主动反思总结;重视对教师教学能力的评价,按照"学历案"课堂教学评价标准,促进教师更新观念,调动学生参与课堂的积极性,重视"教学评"一致性,提高课堂实效;开展教师课堂视频录像研讨,对照课标,通过自评、互评和专家评价等多种形式,促进教师专业能力提升;加大评教评学力度,重视学生对教师教学的满意度及反馈,体现"学为中心"的观念。

3. 完善评价课程方案

对课程教学的各类方案做好定期的研讨和分析,充分征求学校委员会、家长委员会、教代会和课程领导小组的意见,结合时代发展和学生实际,开展方案评价,提高方案的可行性和实效性。

教学管理中心要定期评估教师编制的学期课程纲要与学历案,收集整理合理化意见,提交学校课程领导小组,课程领导小组按照课程要求对校本课程和国家课程的实

施情况进行评价,对学校课程实施方案进行修订与完善。

四、保障措施

(一) 组织保障

学校成立课程领导小组,由校长任组长,分管教学副校长任副组长,教学管理中心、教师发展中心、学生发展中心主任和各位科组长任组员。根据需要设立课程委员会,由教学管理中心行政人员、科组长、名教师组成。

充分发挥课程领导小组职能,每学期召开议事会议,集中讨论课程方案的实施和改进工作;制定议事和决策程序,如对方案有改动或有决策事项的,要有议案、有讨论、有表决和决议等,认真履行议事和决策程序。

(二) 制度保障

完善教学管理制度。加强教学常规管理,是促进教育发展、提高教学质量的基础性工程。从教师的教学计划、备课安排到课堂教学、听课评课、教学研究、作业布置批改、学业考核评价、学习辅导落实我校教学常规管理工作,切实把学校教学管理和教师教学活动的基本环节落到实处,逐步建立起更加科学、规范、高效的教学管理秩序。

制定校本课程的申报与审批制度。每学年由教师申报学校的校本课程,将申报表上交教学管理中心,教学管理中心组织课程管理委员会进行审议,确定开设的校本课程并作出规范性指导。

制定学生选课制度。规定学生选课的要求,明确具体选课时间、上课规范和要求、学习评价等。

完善校本课程教研制度。校本课程任课教师定期学习交流制度、学习培训要求。学校对校本课程的开展进行系统性培训,使教师明确课程的纲要、内容、实施和评价等。

(三) 资源保障

1. 人员保障。引进和招聘优秀教师,加大对教师的培训力度。聘任校外导师,让校外专家、学者、家长、政府官员、企业精英、名师加入导师团队。

学校注重对本校教师的培养,提升教师的综合能力。着重从六个方面进行学习提高:师德师风建设、学科专业能力、信息技术能力、教育科研能力、班主任工作能力和课程开发能力。明确了入门教师、骨干教师、学科带头人和名教师的培养梯队建设,对不同类别教师进行系统培养和指导。通过继续教育、网络定制课程研修、开放日活动、学术节、教学大比武、天外论坛、读书分享活动、青蓝工程、专家讲座、外出学习培训等多种形式,拓宽培养的方式和路径,提高培训的效率。

2. 经费保障。学校提供资金,保障课程的顺利实施,在教学材料印刷、校外指导教师聘请、教学用具的购买、学习耗材的使用方面给予充分的支持。学校争取到政府对外国语学校外语教学的专项资金支持,学校设立了"外语+科技"课程,利用课题研究和专家指导方式,致力于拔尖创新人才的培养,在英才计划、科技创新大赛和学科竞赛中发挥作用。

3. 设备保障。做好课程实施设备的保障,如功能场室的器材、教学硬件设施、实验器材、图书资料等。

4. 场地保障。充分保证课程开展所需的场地设施,如课室、实验室、功能室、体育馆、田径场、舞蹈室、合唱室、美术室等,并对场地进行优化,确保课程的顺利开展。

附件:

广州市天河外国语学校校本课程安排(2021学年开始实施)
(注:授课地点是面向全校学生选课后,选该课程学生的上课地点)

课程类别	课程名称	授课人	授课地点
立己达人	生涯发展课	刘鑫烨	高一6班课室
	走进经典传统文化	罗艳秀、万敏玲	高一5班课室
	中学生财经素养	宋文明	高一4班课室
	像史家一般思考——历史解释能力的培养	张平平	历史室
	穿越时空的目光——史学家的思考	余泳泓	初一3班课室
	学习动力从哪里来	黄南寿	阶梯室
科技创新	"座驾精灵"CEO青年领袖课程	梅家璇	三楼电脑室
	玩转掌控板	王卓珊	电脑室
	创新思维拓展课程	陈晓娜	生物实验2室
	STEAM科技班	邓亚飞	四楼电脑室
	自制教具和小课题研究	温金萍	物理实验2室
	航模课程	邓宇鹏	室外田径场
	数学史选讲	於发广	高一7班课室
	你所不知道的运动与力的关系	王腾	物理实验1室

续 表

课程类别	课程名称	授课人	授课地点
语言文学	大学语文	李翔云、夏丹	高一1班课室
	演讲辩论代表队	外聘教师	二外5课室
	Talk like Ted	黎莹	初二6班课室
	地球村英语口语课程	外聘教师	初二1班课室
	日语基础班	外聘教师	初一4班课室
	法语电影赏析课	外聘教师	初一6班课室
	法语基础班	外聘教师	二外1课室
	西班牙语基础班	外聘教师	二外2课室
	日语考级班	外聘教师	二外4课室
体育艺术	管弦乐团	吴跃芳	国际交流中心一楼
	初中男子篮球队	胡永泉	体育馆三楼
	武术	但堂久	室外操场
	高中男子篮球队	张嘉成	体育馆三楼
	田径	胡永泉	田径场
	音乐剧	张杰芳	四楼音乐室
	街舞	文凌辉	体育馆二楼
	围棋	但堂久	探究室
	艺术舞蹈	刘考怡	舞蹈室
	初中啦啦操	鲍嘉薇	田径场架空层
	扎染	孟三川	美术2室
国际理解	模拟联合国代表队	外聘教师	二外3课室
	英语戏剧代表队	黄晓华	二外7课室
	非遗传承——广绣	陈新远	美术1室
	外国人看中国文化	李乔	初二3班课室
	中西方文化比较	杨婷婷	初二5班课室
	中外文化鉴赏	黄晓华	初一2班课室
	日语动漫体验课程	傅莹	初一5班课室
	红酒鉴赏	陈慧菲	初二2班课室

（编者：胡东、吴晓辉、夏丹）

广州市天河外国语学校课程实施方案点评

作为一所旨在满足天河区老百姓对优质教育需求的学校，广州市天河外国语学校自创校以来就担负着为天河经济发展和广州教育创新助力的重任。经过十余年的耕耘，该校已经成为天河教育的标杆和示范。经过全校教职工数十次的集体研讨、打磨、修改，天河外国语学校所编制的课程实施方案，在学校总结第一个十年、展望下一个十年的关键节点上发挥了凝神聚力、指明方向的重要作用。这份方案充分体现出天河外国语学校在课程规划方面的专业性和独特性，主要表现为如下三个方面。

第一，根据学校文化和办学特色，凝练愿景、使命和毕业生形象。作为一所相对年轻的学校，基于对学生和家长的调研，学校对自身的声誉、师资、生源、课程、资源和环境进行了SWOT分析，并在此基础上，对学校的课程哲学做了全面、深入的思考和讨论。方案将学校愿景确定为"以外语为学科特色、以多元为文化特征、以和雅为人才规格、以卓越为质量追求"，并从学校定位、师资、课程、教学等方面对使命作了描述。尤其值得指出的是，方案将凝聚学校文化的"和雅君子"确定为毕业生形象，并将其细化为"立己达人、文理并重、中西融合、特长突出"四个层面，既符合国家课程方案"有理想、有本领、有担当"的培养目标要求，又对其进行了富有学校文化的阐释，体现了天河外国语学校强外语特色、重国际视野的办学特色。

第二，明确国家课程和校本课程的实施与评价方案。方案根据《义务教育课程方案和课程标准（2022年版）》，结合广东省的课程实施办法和学校的愿景与特色，对国家课程的落实、校本课程的开发、课程评价的开展等方面都作出了清晰、具体的规定和说明。在落实国家课程方面，方案提出了开展基于课标的教学与评价、强化"教学评"一致性、以学历案为抓手推进课堂转型、加强过程管理和过程性数据分析、坚持校本教研和教师学习等举措。在校本课程开发方面，方案围绕"和雅君子"的毕业生形象，设计了立己达人、科技创新、语言文学、体育艺术、国际理解等五个课程群，充分彰显了天河外国语学校的愿景和文化。在课程评价的开展方面，方案对学生学习、教师教学、课程方案等三方面的评价理念和方法都作了说明，其中，过程评价、增值评价、基于视频等数据的循证评价等举措，都体现出方案在评价领域的前沿性。

第三,建立强有力的规划落实保障体系。一份明确、可操作的课程规划方案,需要依托一套完整的保障体系加以实现。方案详细说明了制度、组织、资源等三方面的保障机制,实现了课程规划对学校工作全方位的指导作用。

(点评:肖思汉)